世界と日本
がわかる
国ぐにの歴史

一冊でわかる
イタリア史

【監修】北原 敦
Kitahara Atsushi

河出書房新社

はじめに

イタリアの本当の姿を知る

イタリアといえば、文化・芸術の国という印象が強いでしょう。ローマにはコロッセウムや凱旋門《がいせんもん》、カラカラ浴場《よくじょう》など、すばらしい世界遺産が遺《のこ》されています。

また、世界史では授業が始まってすぐにローマ帝国の歴史を学ぶのが通例であるため、カエサルや帝政《ていせい》期のローマのほうが印象深いという人も多いでしょう。そのため、「イタリアはローマを中心に形づくられた」と思うかもしれません。

しかし、ローマとは「イタリア」という大きな概念《がいねん》のうちの一部分です。「イタリア史」とは、ひとつの国の歴史ではなく、他民族に侵入された6世紀から19世紀までの1300年間、いくつもの国家が乱立し、盛衰《せいすい》をくり返し、現在の形となったのです。

この本では、ローマもイタリアの一部として紹介し、「どのようにしてイタリアがひとつになったのか」、そしてひとつになったあとの苦難の歩みなどについて解説します。

イタリアという国の本当の姿を知っていただくきっかけとなれば幸いです。

監修　北原　敦

知ってびっくり！

イタリアの4つのひみつ

初めてイタリア史にふれるあなたに、意外な事実を紹介します！

ひみつ1

わずか19時間で滅《ほろ》びた都市があった!?

79年、ヴェスヴィオ火山が噴火《ふんか》し、近くにあったローマの都市・ポンペイが巻き込まれて滅びました。跡地《あとち》には、当時の人々の生活の様子がそのまま残されています。

→くわしくは 40ページへ

ひみつ2

イタリアは、約1300年間バラバラだった!

6世紀にランゴバルド族が侵入してから、イタリアは小さな国家がいくつも生まれ、たがいに協力したり争ったりしており、ふたたび統一されたのは19世紀のことでした。

→くわしくは 115ページへ

ひみつ3

ムッソリーニが日本にオリンピック開催《かいさい》を譲《ゆず》った!

東京での開催を支持しました。

日本でのオリンピック開催を確実にするため、日本のオリンピック委員の副島道正《そえじまみちまさ》はムッソリーニと直接交渉し、ローマが立候補を辞退するように直談判《じかだんぱん》し、成功します。

→くわしくは 146 ページへ

ひみつ4

AC ミランのオーナーが首相になった !?

1994年、「メディア王」とよばれた実業家で、強豪《きょうごう》サッカーチーム「ACミラン」のオーナーでもあったベルルスコーニが、政界に進出します。その後、計4回も内閣を率《ひき》いることになりました。

→くわしくは 189 ページへ

©Ricardo Stuckert

さあ、イタリア史をたどっていこう!

目次

chapter 2
イタリアの地は誰のもの？

<シチリア島>

シチリア島といえば、暖かい気候のためブドウ、オリーブ、オレンジ、レモンの栽培が行われています。硫黄、石油も産出され、内陸部では穀作や牧羊が行われています。島の北東部には、ヨーロッパ最大の活火山のエトナ山があります。

chapter 3 ひとつの国になるまで

chapter 4 第一次世界大戦とファシズム

<トリノ>

イタリア北西部に位置し、商工業地帯として栄えました。サルデーニャ王国の首都として発展し、イタリア統一運動後、イタリア王国の首都になりました。自動車メーカーの「フィアット」の本拠地としても有名で、2006年には冬季オリンピックが開かれました。

chapter 5 ファシスト党の独裁と終わり

<ヴァチカン市国>

世界最小の独立国家で、面積は0.44平方キロメートルです。東京ディズニーシーが0.49平方キロメートルなので、本当に小さな国です。サン・ピエトロ大聖堂をはじめとして、多くの芸術・文化が残されているため、1984年には国全体が世界文化遺産に登録されています。

<コロッセウム>

ローマにある円形闘技場です。長径188メートル、高さ48.56メートルで4階まであります。約5万人を収容でき、剣闘士奴隷がライオンなどの動物と闘う様子を娯楽として楽しむための場所でした。

ひみつコラム

<真実の口>

ローマのサンタ・マリア・イン・コスメディン教会の入り口にある、石でつくられた円盤です。古代ローマ時代の下水溝のふたであると考えられています。嘘を言う人が海神の口に手を入れると噛み切られるという伝説があります。

プロローグ

あらゆる文化が生まれた国

イタリアといえば、地中海に延《の》びる長靴の形をした半島が特徴的です。北部はアルプス山脈、半島部はアペニン山脈があり、南半分は火山帯があります。日本と長さを比べると、日本の本州が約1300キロメートルに対して、イタリア半島は約1000キロメートルで日本より少し小さいくらいです。全体的に温暖な気候ですが、南部と北部で気候に差があり、北部は寒暖の差が大きい大陸性気候に近く、南部は暖かく乾燥《かんそう》した地中海性気候になります。南部はオレンジやオリーブなどの産地としても有名です。

また、パスタやピザの本場であり、無数の世界遺産があるローマやヴェネツィアなどは人気の観光地であり、ダ・ヴィンチやミケランジェロを生んだ芸術の国でもあります。サッカーも盛《さか》んで、イタリアは「カルチョ（サッカー）の国」と呼ばれ、ユベントスやACミランなど世界有数の強豪《きょうごう》チームが数多くあります。

さらにフィアット、フェラーリ、ランボルギーニなど数々の名車、プラダやグッチ、アルマーニなど、さまざまなファッション・ブランドが生まれた国でもあります。

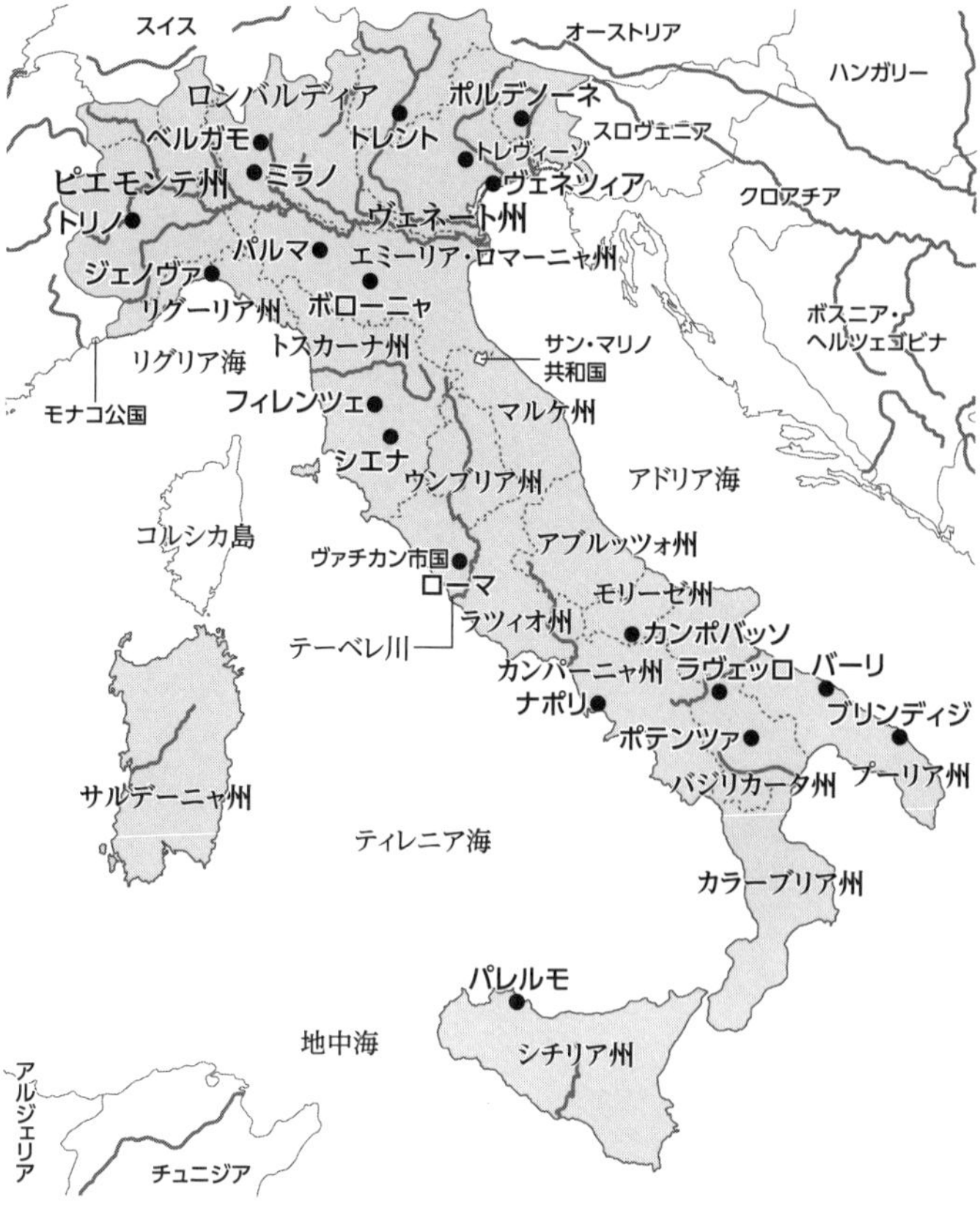

総面積	30万1000㎢
総人口	約6060万人
ローマ	287万人（2017年1月1日時点）

※外務省ホームページの情報、ISTAT（イタリア統計局／2020年4月時点）に基づく

そんなイタリアは長い歴史を誇《ほこ》り、紀元前7世紀ごろにはローマの都市が築かれていました。やがてローマは、ヨーロッパの広範囲を支配するローマ帝国の中心地となりました。そのため、イタリアというと、すぐにローマ帝国を連想する人も多いでしょう。

ですが、イタリア半島は帝国全体の領土から見れば、ほんの一部です。ローマ帝国の歴史だけがイタリアの歴史ではありません。むしろ、イタリアとしての歴史を歩みだすのは、ローマ帝国が崩壊《ほうかい》して半島にいくつもの小国家が誕生するようになってからともいえます。帝国の崩壊後に誕生したヴェネツィアやフィレンツェ、ジェノヴァといった都市は、それぞれ独自の〝国家〟として発展していきました。

いくつもの国家が乱立した状態だったイタリアが、ふたたび統一されるのは19世紀と、実は最近のことです。現在のイタリアは、イタリア共和国というひとつの国家ですが、都市それぞれに長い歴史があるため、いまも地域的な伝統が強く残っています。ですが、逆に言えば、それが多様性というイタリアの特徴を生みだしています。

バラバラだったイタリアは、どのようにしてひとつの国になっていったのでしょうか。まずは、古代ローマの歴史から話をしていきましょう。

chapter 1

ローマ帝国の盛衰

イタリアは「牛の地」

「イタリア」という言葉の由来には諸説ありますが、有力なのは、紀元前15世紀ごろから現在のイタリア半島に住んでいたイタリキという人々の言葉で「牛の地」を指し、それがギリシャ語化したという説です。

インド・ヨーロッパ語系のイタリキは多種族で構成されていて、そのなかのラテン人とサビニ人が、テーベレ川流域のローマで暮《く》らしていました。そこにあった7つの丘《おか》の集落が合体し、都市国家ローマが建国されます。古代のイタリア半島は、ローマを中心として発展していきました。

ローマの建設時期ははっきりしていませんが、建国神話では紀元前753年とされています。神話では、ギリシャ神話の終盤に起こるトロイア戦争でギリシャ人勢力に負けたトロイアの武将アイネイアースがイタリア半島に逃れ、その子孫で、狼《おおかみ》に育てられたという伝説を持つロムルスが、双子の兄弟のレムスを殺したあと、ローマを建国したことになっています。

ちなみに、トロイア戦争は19世紀にドイツの考古学者シュリーマンが遺跡を発見したことで、ある程度は史実と考えられています。

ただし実際には、ローマとトロイアの関係は不明で、建国された時期も紀元前7世紀後半から紀元前6世紀初頭のこととされています。

中部イタリアではイタリキとは別系統のエトルスキ（エトルリア人）が支配していて、彼らは多様な文化を生み、のちのローマに大きな影響を与《あた》えました。

しかし、エトルリア人がどのような系統の民族で、いつごろイタリア半島に渡《わた》ってきたのかは、よくわかっていません。エトルリア人はギリシャ文字で記したエトルリア語の文書を多数残しましたが、その言語は現在も解明されていないのです。

ローマのラテン人が力を増すにつれて、エトルスキとの戦いが続き、やがてエトルスキを従属《じゅうぞく》させることになりました。

共和政が始まる

初期のローマは王政でした。王のもとで、有力な一族出身の貴族（パトリキ）たちが終身の元老院を構成し、王の助言機関を務めていましたが、その貴族たちによって王政は倒《たお》されたのです。

紀元前509年に国王タルクィニウス・スペルブスがローマの貴族であるルキウス・ユニウス・ブルトゥスに追放されたことで、王政は終わりを告げます。

こうして、ローマは共和政となりました。パトリキが運営する元老院は、軍事や国政を指導する最高権力者の執政

そのころ、日本では？

ローマが建国されたとされる紀元前6世紀ごろ、日本は弥《や》生《よい》時代の中期でした。日本に水田稲作の技術が伝わってきたのが、このころだと考えられています。弥生時代の大規模集落としては佐賀県の吉野ヶ里《よしのがり》遺跡が有名ですが、この集落が形成されはじめたのは紀元前4世紀ごろです。

ローマ共和政のしくみ

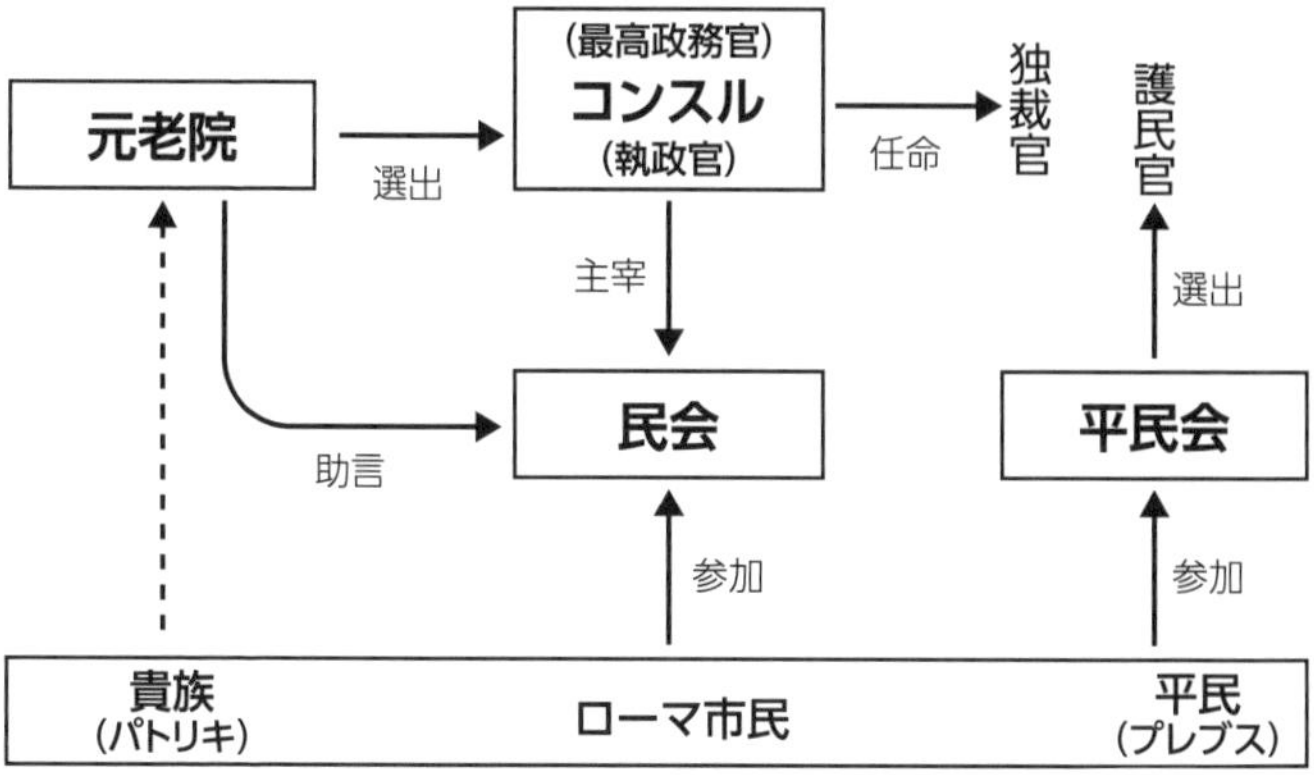

官（コンスル）を選出しました。コンスルをトップにして行われた政治を共和政と言います。

　しかし、貴族が政治における権力を独占する体制は、王政のころから変わっていませんでした。そこで貴族から差別されていた平民（プレブス）は、自分たちの権利を守るために抵抗運動を起こします。

　これを受けて、貴族は「平民会」（平民のみで構成される集会）と「護《ご》民官《みんかん》」（平民会を招《しょう》集《しゅう》する権利や、コンスルの決定に対する拒否権などを持つ役職）の設置を認めました。

　この時期のローマは、まだ広いイタリアにいくつもある都市国家のひとつにすぎず、周辺の都市国家との紛争が頻繁《ひんぱん》に起こっています。

紛争では平民によって構成されている「重装歩兵《じゅうそうほへい》」が活躍し、ローマの領土拡大に重要な役割をはたしました。

　平民の活躍で、しだいに平民会の決定が重視され、紀元前3世紀には平民会の決議が正規の法とされるようになります。

　ローマは戦争に勝っても、たいていの場合は敗者を完全に服従させるのではなく、ローマの優位性を受け入れさせたうえで同盟国としてあつかいました。弱小の都市国家はローマと戦争をするよりも、ローマの保護下に入り、同盟の一員になることを選ぶようになります。この巧《たく》みな方法で、ローマの領土はどんどん拡大していきました。

　ローマはイタリア半島各地の都市を制圧しつつ、アッピア街道をはじめとするローマから南北に向かう交通網を整備します。

共和政のころの街道

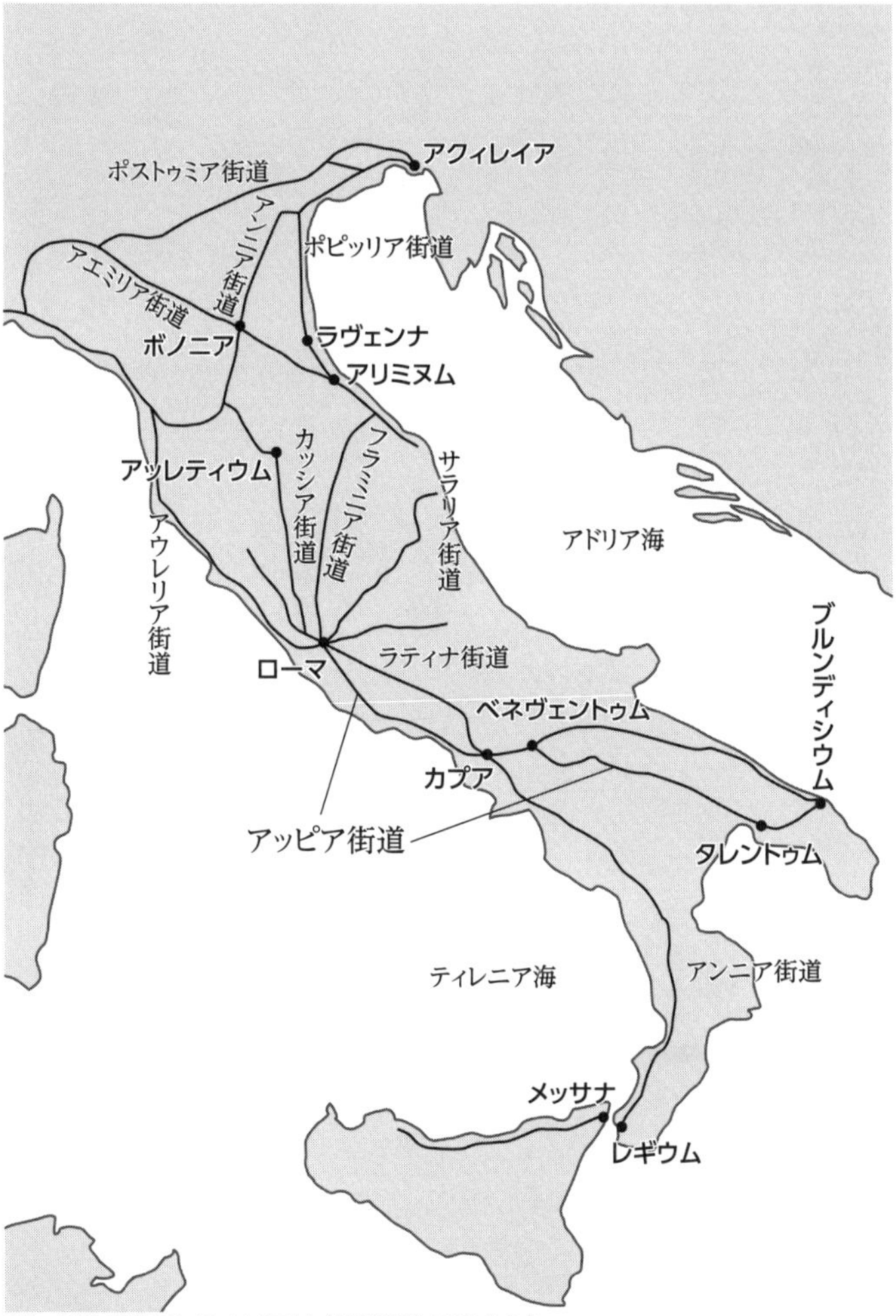

出典：『新版 世界各国史 15 イタリア史』（山川出版社）P35より作成

標準的なローマの街道の道幅は4メートルで、2台の馬車が通れる幅でした。その両脇には、幅3メートルの歩道もつくられています。基本的には渓谷《けいこく》、山、岩場などがあっても、遠回りするのではなく、橋をかけたりトンネルを掘《ほ》ったりすることで、可能な限り直線になるよう建設されました。それだけの建築・土木技術がローマにはあったのです。

こうして、ローマは広い範囲を支配することができました。高い技術力に加え、巧みな外交戦略、それに投槍《なげやり》と剣《けん》、盾《たて》などで身を固めた強力な重装歩兵がローマの強さの源でした。

紀元前272年、南イタリアにあったギリシャ人の植民都市タレントゥム（現在のターラント）を攻め落としたことで、ローマはイタリア半島の大部分を制圧しました。

ローマの宿敵カルタゴ

紀元前3世紀、実質的にイタリア半島を統一した共和政ローマの前に立ちはだかった国がありました。地中海をはさんで対岸にあった、北アフリカの都市国家カルタゴです。

強大な軍事力を持ち、西地中海を勢力範囲とする海上帝国のカルタゴは、ローマにとって警戒すべき存在でした。

カルタゴとローマの戦争（ポエニ戦争）は3回におよびました。ポエニとはラテン語でフェニキア人の意味で、カルタゴがフェニキア人の国家だったことが由来です。

第一次ポエニ戦争は紀元前264年に、シチリア島をめぐる争いがきっかけで始まりました。ローマはこれに勝利し、シチリアを最初の「属《ぞく》州《しゅう》」とします。属州とは、ローマ市外の領土のことです。

第二次ポエニ戦争は、紀元前218年にカルタゴの将軍ハンニバルがローマに侵攻したこと

で起こったものです。ハンニバル戦争とも呼ばれます。

ハンニバルはおよそ6万の兵と37頭の象をつれ、イベリア半島からアルプス山脈を越えてイタリア半島に侵攻し、各地でローマ軍を撃破《げきは》していきました（カンネーの戦い）。追いつめられたローマは持久戦に切りかえ、イタリア半島内でハンニバルを足止めしている間に、軍人であるスキピオ・アフリカヌス（大スキピオ）率いる部隊が北アフリカに侵攻し、カルタゴ本国を打ち破ります（ザマの戦い）。

その結果、ハンニバルは本国への帰還を余儀《よぎ》なくされ、第二次ポエニ戦争もローマの勝利に終わりました。

第三次ポエニ戦争は、ローマ国内の強硬派によるカルタゴを倒してほしいという声に押され、紀元前149年に始まります。軍人のスキピオ・アエミリアヌス（小スキピオ）が率いるローマ軍はカルタゴに侵攻し、ついに討《う》ち滅《ほろ》ぼしました。

小スキピオは炎上するカルタゴを眺《なが》めながら、「ローマもいつか滅びる日が来るのだろうか」と語ったと伝えられています。実際に、古代ローマ帝国が滅びることになるのはポエニ戦争から600年以上も先のことです。

3度にわたるポエニ戦争に勝利したことで、ローマは西地中海を制圧しました。さらに、東地中海にも進出して、マケドニアも属州とし、広大な勢力圏を築き上げます。

農民を救え

共和政ローマは次々と戦争に勝利し、同盟都市を増やすことで領土を拡大していきました。しかし、急速な拡大によってさまざまな問題が生じることになります。

たとえば、富裕層《ふゆうそう》は属州から得られる利益によってますます豊かになり、大土地所有者となっていきました。ところが、農民が戦争に出たせいで農地は荒《あ》れ、属州から安い穀物が大量に入った影響で農作物の価値が下がります。中小の農民は没落《ぼつらく》し、土地を失って「無産市民《むさんしみん》」となってしまいました。

一方、元老院議員などは属州から莫大《ばくだい》な富を手に入れました。そして、農民が手放した土地を買い集め、戦争捕虜《ほりょ》である多数の奴隷を使って大規模な農業経営を行います。これを、大土地所有制（ラティフンディア）といいます。

これにともない市民の経済格差は広がり、市民の平等を原則とするローマの共和政は揺らいでいきます。さらに貧富の格差が広がると、元老院の伝統的支配を守ろうとする閥族派《ばつぞくは》と、無産市民などが支持する平民派の政治的対立が深刻になっていきました。

中小農民の困窮《こんきゅう》を解決するため、平民の代表である護民官に選ばれたグラックス兄弟は、大土地所有者の土地を没収して土地を持たない無産市民に再分配するという改革を行おうとします。

しかし、これが元老院議員の反発を招き、紀元前132年には兄ティベリウスは改革反対派に殺され、紀元前121年に弟ガイウスは自殺に追い込まれました。

改革は失敗に終わり、それからの約100年間、ローマでは「内乱の1世紀」と呼ばれる混乱の時代が続きます。

弱くなっていくローマ軍

中小の農民の没落は、ローマ軍の弱体化にもつながりました。なぜなら、農民たちこそがローマ軍の中心を担《にな》っていたからです。

ローマの市民権を持つ人々は、民会における選挙権・被選挙権や一部の税の免除などの特権を得られる代わりに、兵役《へいえき》に就《つ》くことを義務づけられていました。

兵役はローマ市民だけの権利でもありました。当初、共和政ローマでは一定の資産がなければ兵役に就く資格を得られなかったのです。戦争に行くときの武器も、兵士自身が買っていました。しかし、中小の農民の多くが没落したことで、その資格を満たせなくなってしまいます。

この問題に対して、兵役の資産条件を切り下げるなどの対策が取られましたが、それでもローマ軍の弱体化を防げませんでした。

そこで、当時コンスルだったガイウス・マリウスはローマ市民の徴兵《ちょうへい》によって軍を編成するのではなく、おもに無産市民を対象にした志願兵制を採用する軍制改革を実施しました。この大胆《だいたん》な改革により、ローマ軍はふたたび強化されます。

また、志願してきた兵士には無償《むしょう》で武器と防具を与え、給与も払ったため、日々の生活にも困っていた貧民への対策にもなりました。

マリウスの軍制改革は、別の問題も引き起こします。兵士が職業として軍人になったことで、ローマの議会や民衆に対してよりも、上司である将軍らに忠誠心を抱《いだ》くようになりました。これが、その後たびたび起こる内乱の一因になります。

かつて、ローマ軍では戦争のとき、ローマ市民がもっとも犠牲《ぎせい》の出る主要部隊を受け持っていました。イタリア半島のローマの同盟諸都市も兵力としての協力を義務づけられていたものの、付属のような役割しか与えられていませんでした。

志願兵制になってからは、ローマ軍のなかで市民権を持つ者と持たない者のあつかいが同じになり、等しく危険な任務に就くようになります。

これを不満に感じた同盟諸都市の人々は、市民権を求めるようになりました。これに対し、元老院とローマ市民は同盟諸都市にまで市民権を与えると、自分たちの持つ権益《けんえき》が失われると考え、拒絶《きょぜつ》しました。その結果、紀元前91年に同盟諸都市はローマに反乱を起こし、同盟市戦争が起こりました。

最終的にローマは、すべての同盟市民に市民権を与えることで戦争を鎮《しず》めました。やがて、イタリア各地にあった都市国家はローマの地方都市となり、ローマ自体も都市国家としての性格を失います。こうして、イタリアが〝ローマ〟というひとつの国になったのです（イタリアのローマ化）。

三頭政治（1回目）

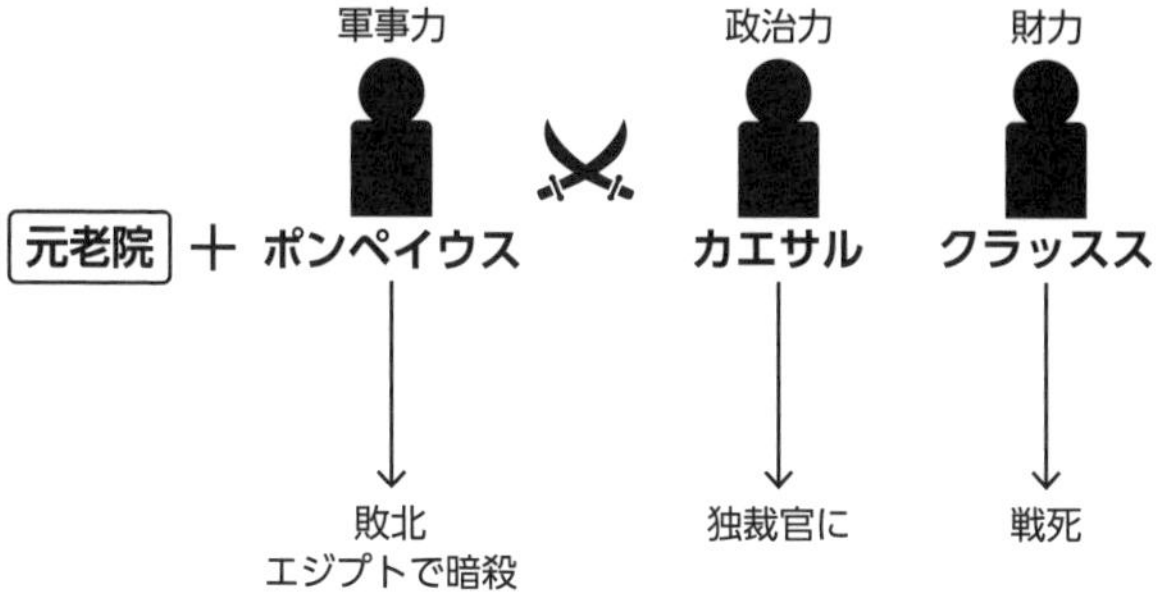

国を動かす3トップ

同盟市戦争が落ち着いたあとも、ローマでは有力者による支配権争いが続きました。さらに、属州からつれてこられた奴隷《どれい》も相次いで反乱を起こします。代表的なのが、スパルタクスを首謀者《しゅぼうしゃ》とする奴隷戦争です。当時のローマでは、剣闘士《けんとうし》による試合が娯楽として人気でした。剣闘士の多くは奴隷で、スパルタクスもそのひとりです。

紀元前73年にそのスパルタクスが仲間の剣闘士奴隷とともに脱走し、ローマに反乱を起こしました。反乱軍には脱走奴隷や貧民などが加わり、最大時には7万～8万人を超えたといわれます。

反乱を鎮圧《ちんあつ》したのがクラッススとポンペイウスで、

ふたりは紀元前70年のコンスルに選ばれます。また、ガイウス・マリウスの甥《おい》であるユリウス・カエサルは、コンスルの地位をねらっていました。そこで、不仲だったポンペイウスとクラッススの仲裁をはかり、3人でローマの政治の実権を握《にぎ》るという密約《みつやく》を結び、いわゆる「三頭政治」が始まります。

民衆から熱狂的な支持を得ていたカエサル、軍の元総司令官であるポンペイウス、大富豪のクラッススの3人が手を組むことで、当時の政治において強大な力を持っていた元老院に対抗できる勢力が形成されます。

三頭政治が始まった当初、3人はそれぞれに権益を満たしつつ、うまく元老院を抑《おさ》え込んでいました。しかし、ポンペイウスに嫁《とつ》いでいたカエサルの娘ユリアが紀元前54年に亡くなり、カエサルとポンペイウスの関係は冷めていきます。

紀元前53年にパルティア（今のイラン）遠征に向かったクラッススが戦死したことで、三頭政治のバランスがくずれます。この状況の変化を受け、ポンペイウスは元老院側につくようになりました。

紀元前58年から紀元前51年にかけて、カエサルはガリア地方（現在のフランス、ベルギー、スイスなど）に遠征し全域を征服しました。

カエサルの力を警戒《けいかい》した元老院は、カエサルに軍隊を放棄《ほうき》して単独で帰還するように命じます。ところがカエサルは命令に従わず、紀元前49年に軍団を率いてイタリア半島に攻め込みました。

ガリア地方とイタリアの境界線になっていたルビコン川を渡る際、カエサルは「ここを渡れば人間世界の破滅《はめつ》、渡らなければ私の破滅。神々の待つところ、我々を侮辱《ぶじょく》した敵の待つところへ進もう、賽《さい》（サイコロ）は投げられた」と配下の兵士に言ったと伝えられています。つまり、「もう後もどりはできない」というわけです。

ついにカエサルとポンペイウス、および元老院派との戦いであるローマ内戦が始まりました。

ポンペイウスと元老院派はいったんギリシャに移って軍

そのころ、日本では？

カエサルが活躍していた紀元前1世紀、日本では稲作に基盤を置く弥生文化が関東地方まで広まったとされています。九州地方では、農具を中心とする鉄器が使用され始めます。また、近畿地方を中心に銅鐸《どうたく》が盛んにつくられるようになり、これを用いた祭祀《さいし》が行われていたと考えられています。

備を整えましたが、ギリシャ北部のファルサルスでの戦いでカエサル軍に敗《やぶ》れます。ポンペイウスはエジプトまで逃れたものの、カエサルと敵対することを恐《おそ》れたエジプト軍によって暗殺されました。

ブルートゥス、おまえもか……

ライバルが死に、残りの元老院派も打ち破ってローマに帰還したカエサルは、市民たちの熱狂的な歓迎を受けました。そして、元老院の力を弱体化させるなどの改革を進めながら自身に権力を集中させ、独裁官（ディクタトル）に就任します。

ディクタトルはもともと、戦争などの非常時に国家のすべての権利を与えられた官職で、元老院によってコンスルから選ばれていました。

独裁的な権力を持ったカエサルは王になろうとしているのではないかと疑われ、紀元前44年に反カエサル派の元老院議員たちによって暗殺されてしまいます。そのなかには、かつてカエサルを支持していたブルートゥスがいました。

一説によると、ブルートゥスはカエサルの息子だといわれています。襲《おそ》われたときにカエサルが言ったという「ブルートゥス、おまえもか!」というセリフは有名です。

事実上の「皇帝」に

カエサルの暗殺によってローマ国内が混乱するなか、カエサルの養子オクタウィアヌス、カエサルの部下だった政治家で軍人のアントニウス、それにレピドゥスが協定を結び、新たな三頭政治を始めました。

オクタウィアヌスら3人は国家再建三人委員に就任し、立法・行政・軍事などの全権を手にします。そして、カエサルを暗殺したブルートゥスなどを一掃《いっそう》して国内の安定をはかりました。

ところが、3人の間で主導権をめぐる対立がし

だいに深まっていきます。レピドゥスはオクタウィアヌスをおとしいれようとしますが、反対に汚職《おしょく》と反乱の疑いをかけられ、失脚《しっきゃく》しました。

アントニウスはエジプトのプトレマイオス朝最後の女王クレオパトラと組んで、オクタウィアヌスを倒そうとしました。ですが、紀元前31年のアクティウムの海戦で敗れ、翌年に自害します。

ローマにおける唯一の権力者となったオクタウィアヌスは、300年間続いていたプトレマイオス朝エジプトを攻め落としました。こうしてローマは、ヨーロッパ・アフリカ・中東などの地中海世界

を統一します。

ローマにもどったオクタウィアヌスは、紀元前27年、元老院から「アウグストゥス（尊厳ある者）」という称号を受けました。彼は国家の第一人者「プリンケプス」として統治しますが、これは事実上、皇帝の地位でした。この政治体制を「元首政（プリンキパトゥス）」といいます。権力はオクタウィアヌスに集中していたものの、元老院や民会、コンスルなどの制度・役職は存続しました。

こうしてローマの政治は安定し、「内乱の1世紀」は終わりました。

賢い5人の皇帝

オクタウィアヌスが死んだあと、その養子であったティベリウスが世襲《せしゅう》により皇帝になったため、帝政が定着しました。こうしてローマは、ひとりの皇帝がすべての権限を持つ、事実上の専制君主制の国家となります。

ちなみに、ティベリウスの治世下は、ちょうどキリスト教の開祖であるイエス・キリストが活動していた時期です。

ローマ帝国の領土

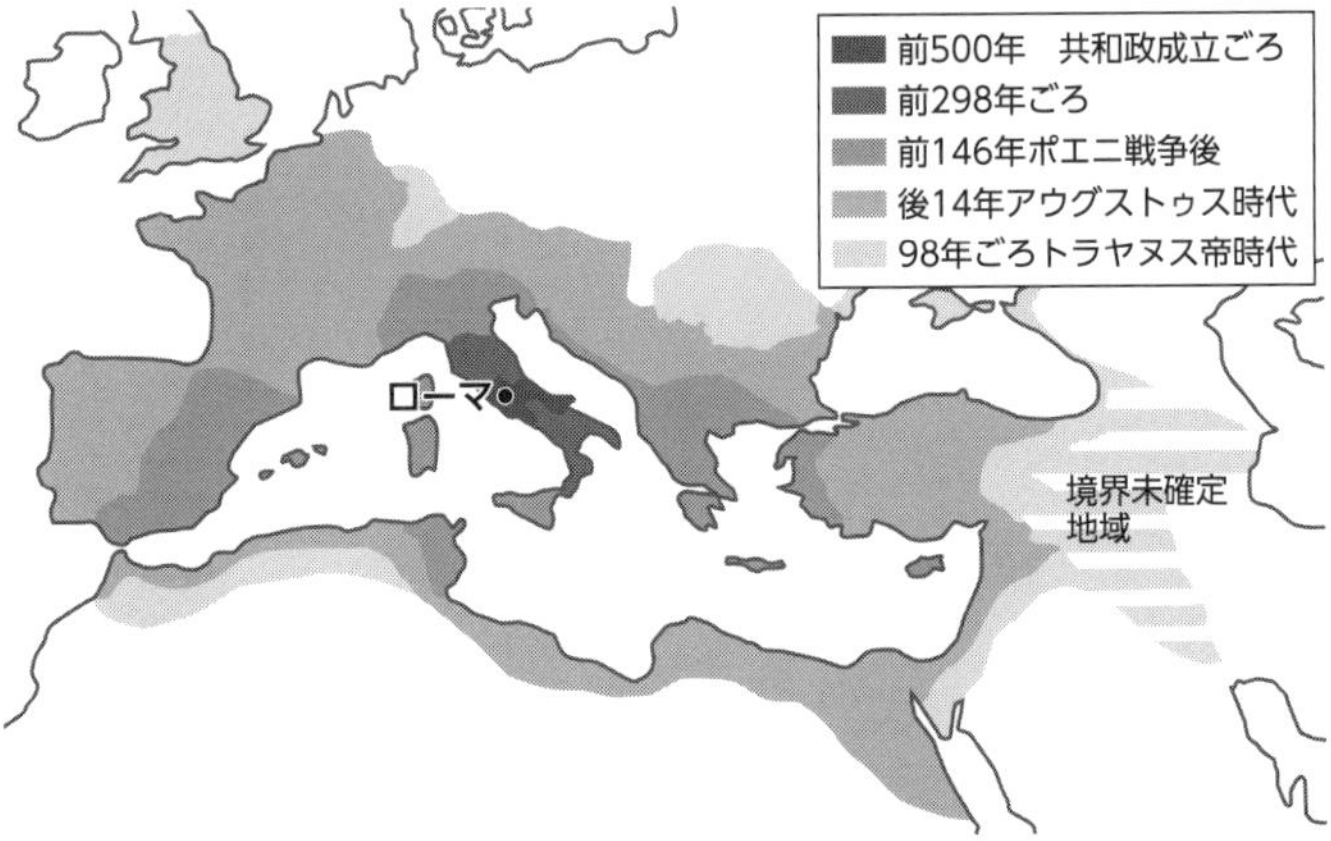

帝政初期、ローマの領土はさらに大きく広がっていきました。43年には第4代皇帝のクラウディウスがブリタンニア（現在のイギリスが位置するブリテン島南部）を征服します。

その後も拡大は続き、96年に第12代皇帝となったネルウァ以降、トラヤヌス、ハドリアヌス、アントニヌス・ピウス、マルクス・アウレリウスまでの5人の皇帝の治世下でローマ帝国はもっとも繁栄しました。

とくにトラヤヌスの時代にはローマ帝国の版図《はんと》（領土）は過去最大になりました。そのため、5人の皇帝は五賢帝《ごけんてい》とも呼ばれています。

五賢帝の時代は、周辺地域においてローマ帝国のみが強大であったため、平和が比較的長く続きました。

ローマ帝国の紀元前1世紀末～2世紀後半までをパックス・ロマーナ（ローマの平和）と呼ぶこともあります。パックスとは、ローマ神話に登場する平和と秩序の女神のことです。

この言葉は、18世紀イギリスの歴史学者エドワード・ギボンが記した『ローマ帝国衰《すい》亡《ぼう》史』に登場します。

ギボンは五賢帝の時代を「人類史上もっとも幸福な時代」と評しており、それをパックス・ロマーナというラテン語の造語で表現しました。

パックス・ロマーナでは、誰もが繁栄の恩恵を受けたように思われがちです。ただし、実際はアフリカ大陸にあるローマ属州などで、帝国の強権的な支配に対する反乱が絶えませんでした。

それでも、この時代に法律、交通路、度量衡《どりょうこう》（ものの単位やはかり方）、幣制《へいせい》（貨幣の制度）などが整備・統一され、ローマ帝国が最盛期を迎えていたのは事実です。

ローマの文化とポンペイ

ローマの統治システムのうち、後世まで大きな影響を与えたのがローマ法でした。紀元前451年につくられた十二表法《じゅうにひょうほう》（平民も貴族も法の下では平等であると定めた法律）を起源に、ローマに住むあらゆる習慣を持つ人々、さまざまな民族が従うような法がつくられたのです。

はじめはローマ市民だけに適用されましたが、3世紀に皇帝カラカラが市民権を与えられる範囲を拡大したため、帝国に住むすべての人々に適用される法律になります。この法制度は6世紀に『ローマ法大全』として東ローマ帝国でまとめられました。現在の日本の法律も、ローマ法の影響を受けています。カエサルが制定した「ユリウス暦《れき》」は16世紀に改良され、現在も「グレゴリウス暦（グレゴリオ暦）」として残っています。1年を約365日に定めたのも、うるう年の概念も、ユリウス暦のころからあったものでした。ちなみに8月は「August（オーガスト）」といいますが、これはオクタウィアヌスに与えられた「アウグストゥス」の称号に由来します。

ローマは優《すぐ》れた文化も数多く生みだしました。とくにそれが発揮《はっき》されたのは、土木・建築技術です。街道を作ったことは先に触れましたが、そのほかにも、都市には浴場や凱旋門《がいせんもん》、闘技場《とうぎじょう》などが建造されました。

現在も残る剣闘士が試合を行うコロッセウム（円形闘技場）や神をまつったパンテオン（万神殿）などは、世界遺産に登録されています。

そんな初期ローマ帝国の人々の暮らしぶりは、イタリアのナポリ近郊にあるポンペイの都市遺跡によって判明しています。ポンペイは、79年にヴェスヴィオ火山噴火によって一瞬で火砕流《かさいりゅう》に飲み込まれてしまいました。そのせいで、ほぼ当時のままで保存されたのです。火山灰の下から焼いた

ままのパンやテーブルに並べられたままの食事と食器、コインなど、1世紀の古代ローマ人たちの生活の様子をそのまま伝える遺物が数多く見つかりました。

また、都市には整備された上下水道があり、水の量を調節するしくみが現在とほとんど同じでした。当時のトイレは社交の場となっていたようで、ふたり掛《が》けのトイレもありました。

ローマ、東西に分裂する

皇帝カラカラの時代には、ローマ帝国で属州民にも市民権が与えられるようになり、属州の地位は向上していきます。ただし、これは市民に課せられる相続税など税による収入を増やすためのものでした。

多くの人が市民権をもったことで、ローマが必ずしも帝

そのころ、日本では？

異民族がローマへ多く侵入するようになった3世紀、日本では女王・卑弥呼《ひみこ》の治める邪馬台国《やまたいこく》が周囲の国々を従え、さらに中国大陸の王朝へ使者を送っていました。ただ、邪馬台国がどこにあったかについては、近畿説、九州説など諸説あり、古代日本史における最大の謎となっています。

国の中心ではなくなっていきました。属州出身の皇帝も登場します。ちなみに初めて属州出身で皇帝になったのは、五賢帝時代のトラヤヌスでした。

3世紀なかばの約50年の間に20人の皇帝が即位することになり、帝国の権威《けんい》が失墜《しっつい》します（軍人皇帝時代）。

またゲルマン人や西アジアでパルティアの代わりに登場したササン朝ペルシアなどが国境を越え、侵入してくるようになりました。こうした状況のため、この時期は「3世紀の危機」とも言われます。

284年に皇帝に即位したディオクレティアヌスのときに、ローマ帝国の領土を4つに分割して4人の皇帝で統治する、テトラルキアと呼ばれる政治体制がとられたこともありました。

306年に皇帝となったコンスタンティヌス1世は、ふたたび帝国をまとめあげて混乱を収《おさ》めたことから、元老院から「マクシムス（大帝）」の称号を与えられました。

コンスタンティヌス1世は内戦を鎮《しず》めるためにキリスト教の加護《かご》を得たとして、313年にミラノ勅令《ちょくれい》を発してキリスト教を公認しました。その後、キリスト教はローマ帝国の国教《こっきょう》となっていきます。また、330年にはコンスタンティヌス1世が首都を現在のトルコに位置するコンスタンティノープル（現在のイスタンブール）へ移します。

こうして帝国の中心は、ローマから約2000キロメートル東に移動しました。

さらにその後、テオドシウス1世が395年に亡くなると、テオドシウス1世のふたりの息子によって帝国は東西に分割統治されることになります。

この分割は当初、行政的なものにすぎませんでしたが、それぞれラヴェンナを首都とする西ローマ帝国と、コンスタンティノープルを首都とする東ローマ帝国（ビザンツ帝国）という別の国になってしまいました。

異民族による支配

異民族、とくにゲルマン人による帝国領内への侵入は、ローマの東西分裂以後も続きました。そして476年、ゲルマン民族出身の傭兵《ようへい》隊長オドアケルによって西ローマ皇帝ロムルス・アウグストゥルスが退位させられ、西ローマ帝国は滅亡します。

しかし493年には、同じゲルマン民族である東ゴート族の王テオドリックがオドアケルを倒し、東ゴート王国を建国。ローマ皇帝の代理人という名目で統治を行うようになります。

また、シチリア島、サルデーニャ島、コルシカ島もゲルマン人であるヴァンダル族に征服されました。

こうしてイタリア半島はしばらくの間、ゲルマン民族に支配されることになりますが、6世紀に東ローマ帝国のユスティニアヌス帝がイタリア半島に侵攻し、東ゴート王国とヴァンダル族を滅ぼしました。これにより、ふたたびイタリア半島はローマ帝国の領土となります。

ところがユスティニアヌス帝が亡くな

ると、ゲルマン系のランゴバルド族がイタリア北部に侵攻してきて、568年にランゴバルド王国を建国しました。

その結果、イタリアにおける東ローマ帝国領は、ラヴェンナ周辺と半島南部、およびシチリアだけとなってしまいます。このランゴバルド族の侵入以降、イタリアにはつねに複数の国家が存在することとなり、19世紀まで統一されることはありませんでした。

「皇帝のローマ」から「教皇のローマ」へ

ローマが東西に分裂したあとの歴史で重要なキリスト教について、ここで説明しておきます。

国が分かれたことで、キリスト教もローマを中心とするローマ教会とコンスタンティノープルを中心とするビザンツ教会に分裂しました。この東西の教会は教義に対する解釈の違《ちが》いなどからしだいに対立するようになっていきます。とくに問題となったのは、聖画像（聖書に登場する聖母マリアやキリスト、聖人を描いた画像）を認めるか否《いな》かです。ローマ教会が聖画像を認めたのに対し、ビザンツ教会は禁じました。

東西ローマ教会の対立

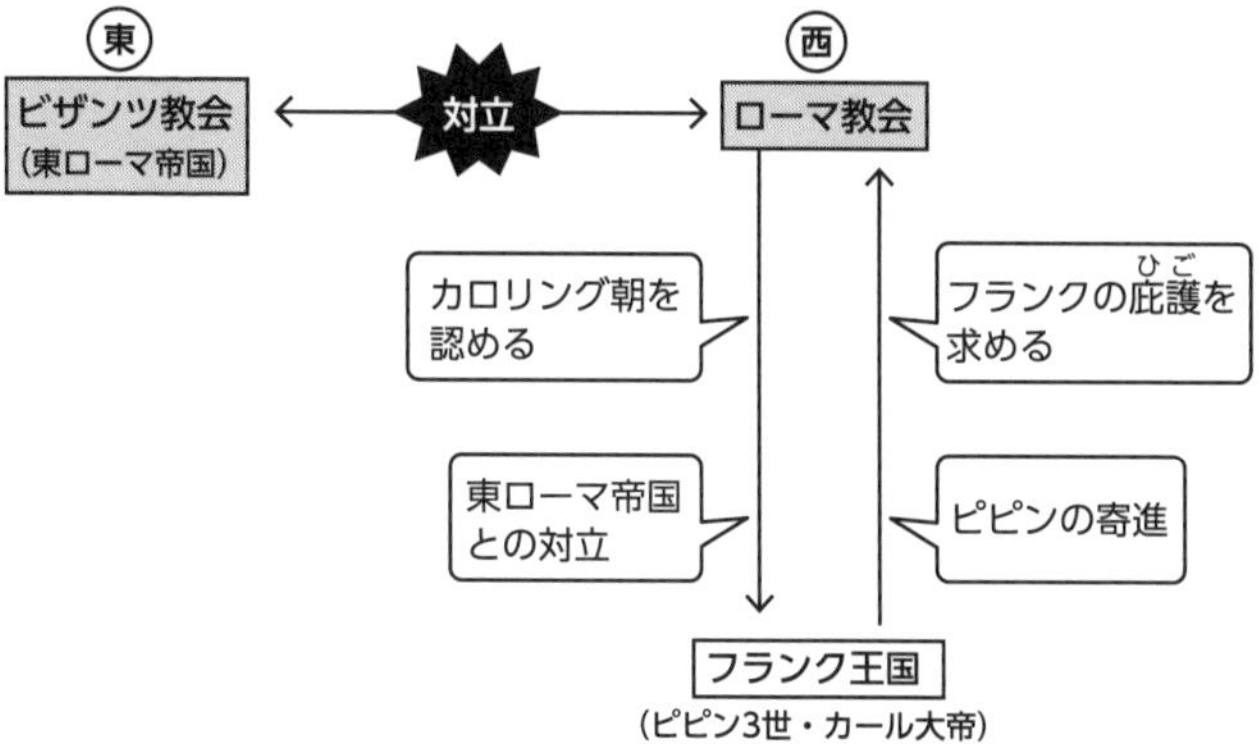

　8世紀に入って、ローマ教皇はランゴバルド王国に対抗するため、フランク王国のピピンに援助を求めます。ピピン3世はランゴバルドを倒し、獲得《かくとく》したラヴェンナなど中部イタリア一帯をローマ教皇に寄進《きしん》し、これがローマ教皇が領土を支配する「教皇領」の起源となります。

　ローマ教皇という宗教的な権威がイタリア内部に領土を持ち、王や皇帝などと同じような権力を持つという状態は、その後のイタリアの歴史に大きな影響をおよぼすことになります。

　かつてはローマ帝国の中心地であり「皇帝のローマ」であったローマは、宗教的権威の中心地である「教皇のローマ」として、改めて力を持つようになったのです。

その後、ピピン3世の子であるフランク国王カールは、800年のクリスマスに教皇レオ3世によってローマ皇帝の冠《かんむり》を与えられます（カールの戴冠《たいかん》）。西ヨーロッパにふたたびローマ皇帝が誕生したことになります。

カール大帝の子ルートヴィヒの死後、フランク王国は843年のヴェルダン条約で3つに分かれます。3つのうち中部フランク北半分の領土は、870年にメルセン条約で東フランク、西フランクによってさらに二分されました。

そして、西フランクはフランス王国、東フランクはのちに神聖ローマ帝国となり、中部フランクはイタリア王国となっていきます。

951年、東フランク王国のオットー1世が、ローマ教皇の援助のためイタリアに遠征し、962年にローマで教皇から戴冠され、神聖ローマ皇帝となります。

そのころ、日本では？

ピピン3世が教皇に領地を寄進した8世紀中ごろ、日本では聖武《しょうむ》天皇が奈良に大仏（東大寺盧舎那《るしやな》仏像）をつくらせています。大仏造立《ぞうりゅう》の詔《みことのり》が発せられたのが743年、完成したのは752年のことです。この年、インド出身の高僧が招かれ、盛大な開眼供養《かいげんくよう》という儀式《ぎしき》が行われました。

フランク王国の移り変わり

ルートヴィヒの長子ロタール1世は中部フランク、第3子ルートヴィヒ2世は東フランク、末子カール2世は西フランクをそれぞれ領有しました。

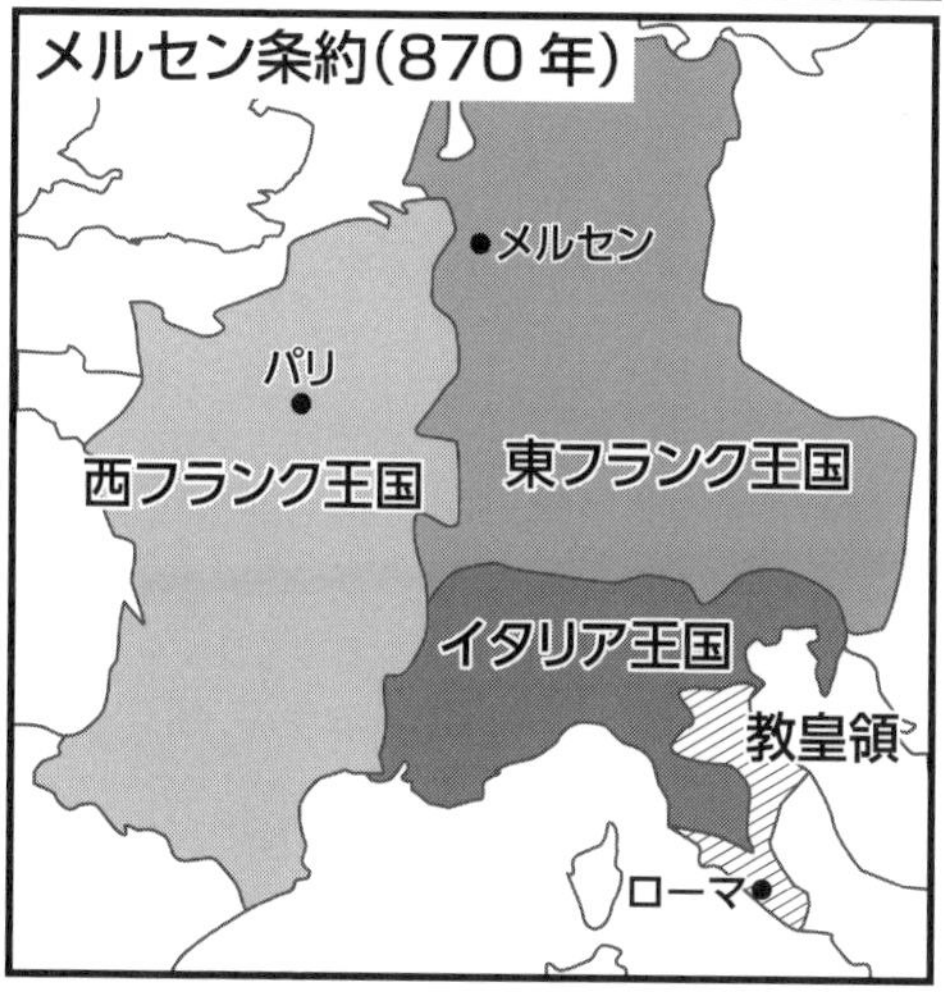

ロタール1世の死により、中部フランク王国の再分割が決定し、東半分をルートヴィヒ2世が、西半分をカール2世が獲得しました。

イタリアの国旗と国歌

国旗はフランスの影響を色濃く受ける

イタリアの国旗は、左から順に緑・白・赤の縦《たて》3色で構成されています。緑は「国土」、白は「雪」、赤は「愛国者の熱血」を表現しています。この「緑」を「青」に置きかえると、たちまち「フランス国旗」に早変わり。よく似ているのもそのはずで、イタリア国旗の由来は、フランス国旗にあります。

1796年、フランスのナポレオン・ボナパルトがイタリアに遠征し、オーストリアに支配されていた北イタリアの諸都市を解放しました。

戦いののち、北イタリアの地に建国されたチスパダーナ共和国では、緑・白・赤の3色旗が国旗として用いられました。これがイタリアにおける3色旗の起源です。

1797年、チスパダーナ共和国とトランスパダーナ共和国が連合して建国したチザルピーナ共和国では、すでに現在と同じ緑・白・赤の縦3色からなる3色旗が使われて

イタリア国旗の変遷

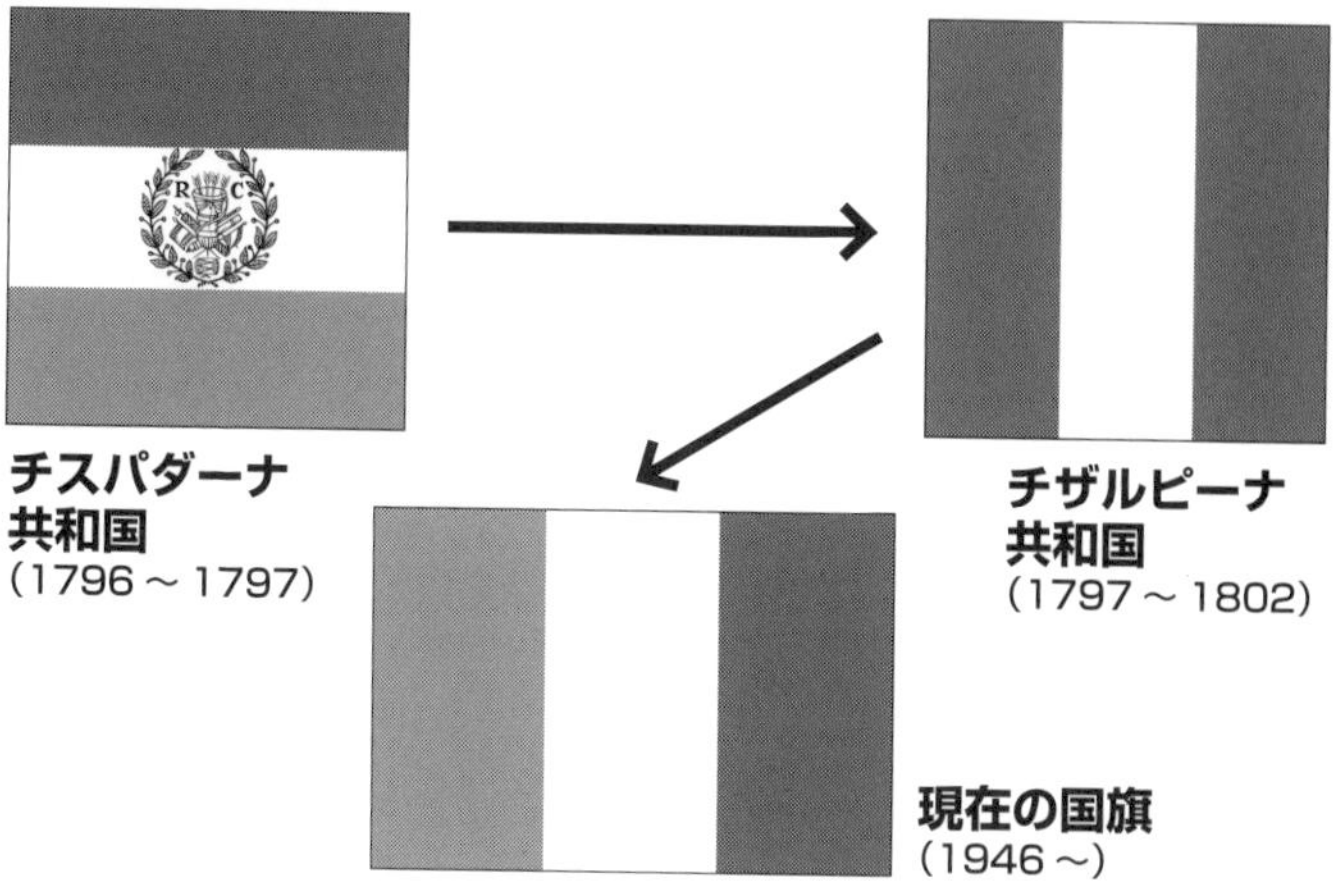

いました。

その後、３色の上に紋章《もんしょう》が乗るなどしましたが１９４６年に共和政へ移行した際、ふたたびもとの３色旗へと落ち着きました。

イタリアの国歌は「マメーリの賛歌《さんか》」、別名「イタリアの兄弟」とも呼ばれています。ゴッフレード・マメーリが作詞、ミケーレ・ノヴァーロが作曲しました。「マメーリの賛歌」という曲名は、作詞者の名前にちなんだ呼び名です。

歌詞の内容は「イタリアの兄弟よ、イタリアは目覚めた」という一節から始まります。

何世紀もの間、分裂状態で外国にしいたげられた歴史をふり返りながら、ひとつになって戦おう、とイタリア人を鼓舞《こぶ》する内容です。

知れば知るほどおもしろいイタリアの偉人❶

「英雄」から「独裁者」となる

ユリウス・カエサル

Gaius Iulius Caesar

（紀元前100ごろ〜紀元前44）

愛くるしいルックスと話術で民衆を魅了

カエサルは貧乏な貴族の家に生まれ、戦乱に明け暮れるローマで幼少期を過ごしました。義理の叔父であるマリウスが大物政治家であったことから、紀元前77年以後、カエサルも政治の世界に乗り出します。

決してイケメンではなかったため、部下たちはカエサルのことを陰《かげ》で「ハゲの女たらし」と呼んでいました。しかし、話術に優れていたうえ何ごとにも動じない度《ど》胸《きょう》があり、女性の支持者が多かったといわれています。エジプト平定《へいてい》後、絶世の美女として知られるクレオパトラ7世と愛人関係にありました。

しかし、君主、皇帝、次期元首などを示す称号として「カエサル」の名前は残ることになります。例えば、五賢帝は即位後、名前に「カエサル」と入れていました。また、ドイツの「カイザー」やロシアの「ツァーリ」も、「カエサル」が由来の“皇帝”という意味の言葉です。

chapter 2

イタリアの地は誰のもの?

独立イタリア王国のころ

イタリア王国がフランク帝国から独立した888年から神聖ローマ帝国と結合した962年までを、「独立イタリア王国」の時代と呼びます。9世紀末から10世紀にかけて、イタリアの南部は政治的に分裂した状態でした。とくにシチリアはイスラム教勢力の支配下にありました。

当時の西ヨーロッパは、異民族の侵入などの影響で、商業が衰《おとろ》えて経済の中心は農業へと移りつつありました。人々は強い力を持つ皇帝、国王や貴族、聖職者などに臣下《しんか》として保護してもらう代わりに、主君に忠誠《ちゅうせい》を誓《ちか》います。この主従関係によって西ヨーロッパでは封建社会が生まれました。領地を持つ有力者たちを領主、領主が所有する土地を荘園といい、この荘園制が封建社会の経済的基盤です。

そのころ、日本では？

日本では931年から947年にかけて、平将門《たいらのまさかど》による反乱と藤原純友《ふじわらのすみとも》による反乱がほぼ同時に起こりました（承平《じょうへい》・天慶《てんぎょう》の乱）。将門は関東で勢力を伸ばし、純友は大宰府《だざいふ》を攻め落としますが、それぞれ敗死します。律令国家の崩壊と地方武士の台頭《たいとう》を象徴した事件でした。

有力者にも上下関係がありました。皇帝や国王の場合は、その下に諸侯《しょこう》、騎士《きし》と続き、教皇の場合は、修道院長や大司教《だいしきょう》、司教、司祭《しさい》の順です。このように、いくつもの階層に分かれた主従関係が成立していました。

コムーネってなんだ？

イタリアでは東地中海での貿易が拡大し、商業が発達したことで、11世紀以降は北中部イタリアの都市が経済力をつけていきます。

これまで商工業者をはじめとする都市の市民は、都市を管理する封建領主に支配されていました。ですが、都市の経済が発展すると、商工業者は大きな財力を持ちます。また、新たな商工業者が増えることで、しだいに市民が発言力を持つようになりました。

市民は、都市内を統一し、平和を守るため、協力して封建領主の支配から抜け出そうとします。自分たちで都市を統治する体制を整えて兵を雇《やと》い、自治権を勝ち取っていきました。

こうして生まれた、都市の市民による自治共同体を「コムーネ」といいます。コムーネの都市では、コンソリと呼ばれる執政官を市民が選びました。コンソリたちは、集会や評議会を主催するなどの政治的な活動のほかにも、軍事や外交も行っていました。

コムーネの特徴は、城壁で囲まれた都市部だけでなく、周辺の農村部などにまで支配する範囲がおよんだことでした。つまり、各コムーネがその周辺を含《ふく》めて、それぞれ〝国家〟として成立していたといえます。

イタリア史のなかでも重要な都市である、ヴェネツィア、ピサ、ミラノ、ジェノヴァ、フィレンツェなど多数の自治都市が生まれました。

自治都市が発展！

イタリア北東部に位置し、「水の都」の異名《いみょう》を持つことで知られるヴェネツィアは、11世紀末にはすでにアドリア海の商業を支配する都市となっていました。１１４３年ごろ、有力者によって構成される評議会がドージェとよばれる最高執政官の権力を制限し、貴族が中心の自治政府（ヴェネツィア共和国）が成立します。

イタリア中部の西側に位置するピサといえば、世界遺産に登録されているピサのドゥオモ広場に立つ「ピサの斜塔《しゃとう》」が知られています。1004年、ムスリム（イスラム教徒）が侵入しますが、ジェノヴァと連合し、イタリア各地のムスリムを倒しました。そして、獲得した戦利品は海上事業を発展させる資金とします。

経済の発展にともない、ピサの人口は増加しました。住民たちはピサ市内の各地区を基盤に政治的・軍事的な組合をつくります。そして1080年以降、この組合から選ばれた住民代表をコンソリ（執政官）とする自治組織が生まれました。

現在、イタリア最大の都市圏人口を誇《ほこ》る、イタリア北部のミラノでは、1097年に都市貴族が中心となって住民の自治共同体（コムーネ）のコンソリを選びました。これによってミラノは、神聖ローマ皇帝・司教・コムーネという3つの権力によって治められることになりました。

イタリアの北西部にあり、国内最大の貿易港を持つジェノヴァは、古代から西地中海の重要な港町でした。1056年、司教と都市貴族との間で協定が結ばれ、さらに領主であるオベルテンガ辺境伯《へんきょうはく》が裁判権を放棄したことで、都市住民の自治組織がしだいに整います。

当時、イタリア王国に支配権をおよぼす神聖ローマ皇帝とローマ教皇が対立していましたが、教皇に破門された神聖ローマ皇帝ハインリヒ4世はイタリアのカノッサで謝罪します（カノッサの屈辱《くつじょく》）。

皇帝の権力が弱まると、都市貴族を中心とするコムーネの住民たちは、皇帝が任命した司教ではなく、教皇が任命した司教を支持し、都市運営に強い影響をおよぼすようになりました。

この支配構造の変化には、キリスト教諸国がイスラム教諸国から聖地エルサレムを取りもどすために派遣した十字軍も関係しています。十字軍の活動によって高まった「自分たちはキリスト教徒である」という強い自意識のもと、コムーネの住民たちは教皇との結びつきを強めていったのです。

北部は皇帝vs同盟

神聖ローマ皇帝の支配からはずれたコムーネでは、税金の徴収《ちょうしゅう》や裁判などが独自に行われるようになりました。つまり、皇帝の権利が侵害されたわけです。

ロンバルディア同盟に参加した都市

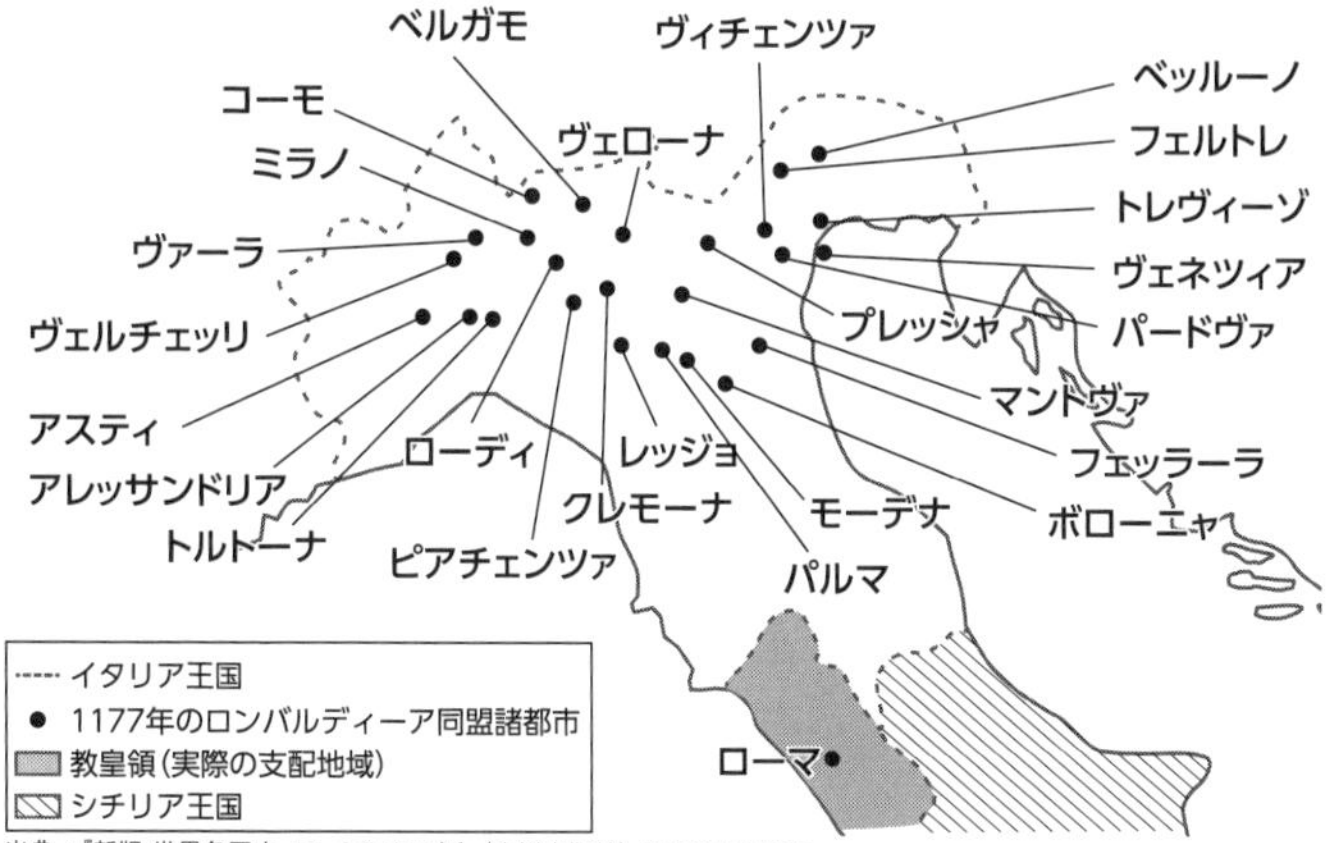

出典：『新版 世界各国史 15 イタリア史』（山川出版社）P173より作成

イタリア北部のコムーネは貿易によって経済が急成長しており、その利益をめぐって皇帝とコムーネの間で確執《かくしつ》が生まれました。

皇帝フリードリヒ1世は、1154年にイタリア遠征を行ったのち、1158年の帝国議会で皇帝の権力をあらためて定めたうえで、皇帝の権利に属することを回復するために、ふたたびイタリアへの遠征を開始します。

しかし、イタリアの諸都市は「ロンバルディア同盟」を結んで対抗し、皇帝軍に大勝しました。

そして1183年、同盟都市は皇帝に都

市の自治を認めさせました（コンスタンツの和約《わやく》）。

南部では巡礼者が傭兵に

ところで、イタリア半島の南部はどうなっていたのでしょう。

11世紀のイタリア半島南部には、サレルノ侯国や、東ローマ帝国領があり、シチリア島はイスラム勢力が支配していました。

こうした状態の南イタリアを征服したのが、聖地エルサレムへの巡礼《じゅんれい》のために北方のノルマンディからやってきたノルマン人でした。

1016年、南イタリアのモンテ・サン・タンジェロ教会を巡礼したノルマン人騎士たちは、東ローマ帝国からの独立を求めるランゴバルド系貴族の運動に加わります。

そのころ、日本では？

1016（長和5）年、藤原道長が天皇の代わりに政務を行う摂政に就任しました。翌年、嫡子の頼通に役職を譲りますが、実権は道長が握り、藤原氏は最盛期を迎えました。このころ道長は、「この世をば わが世とぞ思ふ 望月《もちづき》の 欠けたることも なしと思へば」という歌を詠んでいます。

1018年、独立派はカンネーの戦いで東ローマ軍に大敗しますが、戦いにおけるノルマン人の頼もしさは知れわたることになり、ノルマン人を兵として雇うのが一般的になっていきました。こうして、〝巡礼者〟が〝傭兵《ようへい》〟になったのです。

一方、大勝した東ローマ帝国に対して神聖ローマ皇帝のハインリヒ3世が、南イタリアに遠征してきます。

オートヴィル家の3兄弟

南イタリアの抗争で活躍したのが、ノルマン人のレイヌルフです。

1030年、レイヌルフは傭兵としての功績が認められ、イタリア南部のティレニア海沿岸の都市アヴェルサを得ました。

イタリア南部に拠点を得たレイヌルフたちノルマン人は、いくつもの抗争を経て、勢力を拡大します。ノルマン人による南イタリア征服で最も貢献したのが、オートヴィル家の兄弟たちでした。

末弟《まってい》ロジェールと兄のロベールは、1059年にカラーブリアを征服します。その後、

ノルマン人の南イタリア支配

ロベールはプッリアを、ロジェールはシチリアをそれぞれ征服しに向かいます。

ロベールは1071年、バーリを占領し、南イタリアにおける東ローマ帝国の支配を終わらせました。ロジェールもシチリアで支配地を広げ、1072年には、シチリア島の北西部にある都市パレルモを征服し、シチリアにおけるノルマン人の支配権を確立しました。

彼らの活躍によって、南イタリアはノルマン人が支配することになります。

南部が統一される

ロベールの死後、ロジェールはシチリアを拠点として、南イタリアでは右に出る者がいないほどの実力者になりました。

ロジェールは1101年に死去しますが、息子のルッジェーロ2世が支配権を継承《けいしょう》します。彼は、伯父《おじ》ロベールが一度は統一したプッリアでふたたび諸侯たちが自立し始めていたため、これを抑え込もうとします。

敵対する諸侯を次々に倒したルッジェーロ2世は、1130年にシチリア島をふくむイタリア南部を支配します。こうして誕生したのがノルマン朝「シチリア王国」です。

シチリア王国の領土

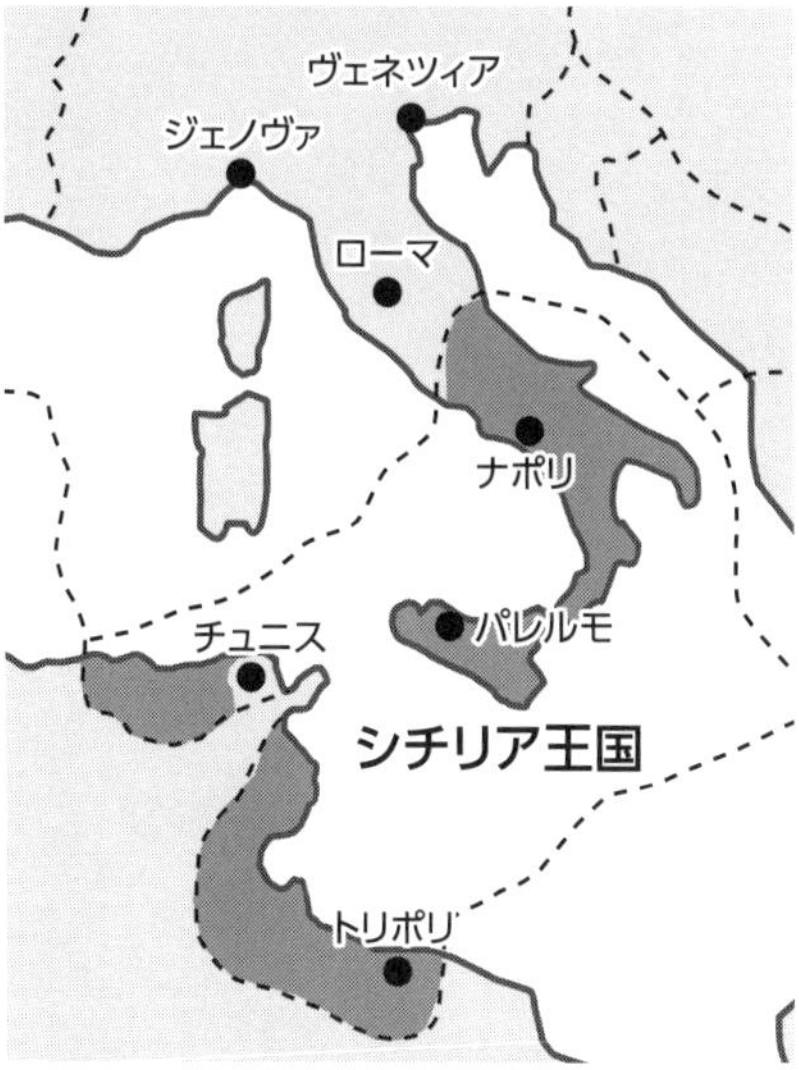

ルッジェーロ2世のシチリアでの支配権は教皇アナクレトゥス2世により認められましたが、当時のローマには教皇がもうひとりいました。アナクレトゥス2世と敵対していたインノケンティウス2世です。

現在はインノケンティウス2世が正式なローマの教皇とされ、アナクレトゥス2世は「対立教皇」と呼ばれています。

ルッジェーロ2世の勢力拡大を恐れたインノケンティウス2世は、神聖ローマ帝国や東ローマ帝国などと手を組んで対抗します。

しかし、ルッジェーロ2世の軍勢に押され、1139年にルッジェーロ2世の王位を認め、イタリア南部はシチリア王国として統一されたのです。

ルッジェーロ2世は、領地をさらに拡大するため、北アフリカにも軍勢を送り、現在のリビアやチュニジアなどにあった都市を支配下に置きました。その目的は地中海諸国の中心地をシチリアにすることでしたが、1154年にこの世を去ります。

やがて、アフリカ西部のイスラム教勢力・ムワヒッド朝がアフリカ北部に進出し、この地でのシチリア王国の支配

そのころ、日本では？

ルッジェーロ２世が死去したころ、日本では後白河天皇《ごしらかわてんのう》が即位します。このころ、天皇が位を譲り上皇、または法王になって政治を行う、院政が行われていました。当時の崇徳上皇《すとくじょうこう》と後白河天皇は家督《かとく》をめぐって対立することになります。そしてこのあと、保元《ほうげん》の乱が起こりました。

は約6年で終わりました。

混ざりあう文化

シチリア王国を構成する人種や民族はさまざまでした。イタリア半島南部には9世紀からイスラム教国家が進出しており、多くのムスリムが住んでいたのです。

また、シチリア王国は東ローマ帝国が支配していた地域も征服して、ラテン人やギリシャ人の住民も少なくありません。これら3つの民族の比率は地域によって異なりますが、シチリア王国全体で見れば最も多いのはムスリムです。ただし、支配者層の多くはルッジェーロ2世と同じノルマン系ラテン人でした。

征服されたイタリア半島の小国は、そのまま行政区としてシチリア王国に編入されました。以前からあった小国家の枠組《わくぐ》みを活かしながら、シチリア国王に権力が集中する体制は、シチリア王国の特色のひとつといえます。

多様な民族と風習が交流することで、シチリア王国では独特な文化が生まれました。とくにモンレアーレ大聖堂やノルマン宮殿は、その代表例であり、2015年には世界遺産に登録されています。

シチリア人、怒る

シチリア王国は1194年にノルマン朝からホーエンシュタウフェン家出身の神聖ローマ皇帝ハインリヒ6世の手に移ります。その子フリードリヒ2世は、50年以上シチリア王の座にあり、政治制度を整え、宮廷《きゅうてい》文化の花を開かせます。

1258年、フリードリヒ2世の庶子《しょし》(正妻ではない女性から生まれた子)であるマンフレーディが即位します。これに対抗して教皇は、1263年、フランス国王ルイ9世の弟であるアンジュー伯シャルルに、シチリア王国を授《さず》けました。

3年後、シャルルはマンフレーディを倒すと、ナポリに宮廷をおいてシチリアを支配します。これに対してシチリアでは、反発が強まりました。

1282年にはシチリア島北西部にあるパレルモで、シャルルの兵たちがシチリア住民の女性に暴行する事件が起こります。不満を抱えていた住民は、事件をきっかけに反乱を起こし、フランス人を大量に虐殺《ぎゃくさつ》しました。このできごとを「シチリアの晩禱《ばんとう》」といい、これによってシチリア島からはフランス人が追放されました。

シチリア島では、シャルルに敗れたマンフレーディの娘婿《むすめむこ》でアラゴン王国（現在のスペイン）のペドロ3世がシチリア国王に就任します。

ペドロ3世とシャルルは、シチリア島と南イタリアの地でそれぞれ「シチリア国王」を名乗りました。

同名の王がふたりいるという異常事態となりましたが、歴史上、南イタリアの王国は「ナポリ王国」、シチリア島の王国は「シチリア王国」と呼び、区別しています。

フィレンツェの受難

シャルルによるシチリア王国の征服は、フィレンツェを発展させることになりました。シャルルの遠征資金をフィレンツェ商人が用意していたからです。

1260年代後半のシチリア王国への侵攻においてシャルルの勝利が確定すると、フィレンツェ商人はシチリア王国や教皇領、フランス王国、イングランド王国（現在のイギリス）などに進出して国王や領主に融資《ゆうし》し、金融業を発展させたのです。

しかし、繁栄は長く続かず、フィレンツェでは大きな混乱が起こります。1339年から、イングランド王国とフランスの間で百年戦争が始まり、これによってフィレンツェ商人は、フランスでの経済活動が困難になりました。

そのころ、日本では？

百年戦争のころ、日本はふたりの天皇が吉野の南朝と、京都の北朝に分かれて対立する南北朝時代でした。全国で争いが相次ぐ状況の影響で、『増鏡《ますかがみ》』や『神皇正統記《じんのうしようとうき》』のような歴史書や、『太平記《たいへいき》』や『義経記《ぎけいき》』、『曾我物語《そがものがたり》』のような軍記物語が多くつくられています。

イングランド王国は戦時中であることを理由に、フィレンツェ商人への債務《さいむ》の支払いを停止しました。フィレンツェでは、このような経済危機の責任は大商人にあるとして、市民が不満をつのらせました。

13世紀以降のイタリア社会では、都市に混乱が生じた際、ひとりの人物に権力を集中させようとする動きがたびたび起こっています。こうして立てられた人物を「シニョーレ」といい、シニョーレが統治する政体を「シニョリーア」といいます。

1341年、フィレンツェではナポリ王国に亡命していたアンジュー家のアテネ公がシニョーレとして呼びもどされ、大商人と市民の紛争の解決が期待されました。

ところが、アテネ公はこの対立を利用して独裁者のように振る舞います。市民に負担を強《し》いた結果、シニョーレに選ばれてからわずか2年で、市民による蜂起《ほうき》が発生し、追放されてしまいます。結局、フィレンツェでは一部の大商人が没落し、新興商人が台頭することになりました。

ちなみに、このような情勢の変化には、フィレンツェの人口を約4割まで減少させた黒死病《こくしびょう》（ペスト）がヨーロッパで大流行したことも大きく影響しています。

失業者の反乱

14世紀後半のフィレンツェで政治を行っていたのは、「アルテ」と呼ばれる21の商工業者の組合に所属する有力商人や新興商人であり、アルテに属さない中層・下層の商人や労働者は排除《はいじょ》されていました。

不満をつのらせた「チョンピ」と呼ばれる毛織物工業に従事する労働者たちは蜂起《ほうき》し、1378年7月に政権を掌握《しょうあく》します（チョンピの乱）。

しかし、チョンピによる新政権に対して手工業者と商人層が反撃を加え、同年8月にチョンピを倒しました。

ただし、手工業者層も1382年に排除され、その後は有力商人と新興商人が手を組んで、政治の実権を握ります。

そのなかから、新たな支配者が台頭してくることになりま

そのころ、日本では？

チョンピの乱のころ、日本では足利義満《あしかがよしみつ》が将軍を務めていました。1378年、京都に「花の御所《ごしょ》」ともよばれる室町《むろまち》殿《どの》という邸宅《ていたく》をつくり、これが室町幕府と呼ばれる由来となります。義満は1392年に、南と北とで分裂していた皇《こう》統《とう》を合一《ごういつ》し、1397年には鹿苑寺《ろくおんじ》（金閣）を建てました。

した。

お金持ちのおかげで

フィレンツェを支配した代表的な貴族といえば、メディチ家です。

13世紀にフィレンツェで薬屋として財産を築いたメディチ家は、14世紀に入りジョバンニ・ディ・ビッチ・デ・メディチが銀行業を始め、さらに財力を増やしました。1420年までにローマ、ナポリ、ガエータ、ヴェネツィアなどに支店をつくり、事業を拡大させます。

メディチ銀行の融資先には、フランス国王や神聖ローマ帝国内の諸侯など、そうそうたる得意先が並びました。とくにローマ教皇庁との関係は深く、メディチ銀行の収益の半分以上はローマ教皇庁からのものだったといわれています。

メディチ家はその財力で、フィレンツェにおいて大きな発言力を持ち、権力を争う党《と》派《は》闘争《とうそう》で優位に立ちました。ジョバンニの子であるコジモは、自派の権力が安定すると、市民の反感を買わないよう、あえて官職には就かず、市民に気に入られるために公共事業へ私財を投資します。コジモとその孫であるロレンツォの時代に、メディチ家はもっとも栄《さか》えました。

ジョバンニは銀行業で稼ぎながら、芸術を保護するパトロンとしても活躍しています。フィレンツェが「ルネサンス」の中心地として栄えたのは、ジョバンニ、コジモ、ロレンツォが芸術への投資を惜《お》しまなかったからでもありました。

暗黒の時代に花開いたルネサンス

ルネサンスは「再生」を意味し、この当時の主流だった神や宗教中心の文化に対して、人間性を重視したギリシャ、ローマの古典文化を復興しようとする運動を指します。

封建社会と神中心の世界を、人間が罪深い者とみなされる「暗黒の時代」として、その暗黒の時代から人間の自由・個性を解放しようと盛り上がった運動が、ルネサンスなのです。

その背景には、コムーネの繁栄や都市経済の繁栄で、イタリアの都市市民文化が大きく発展していたことがあります。『神曲《しんきょく》』で有名なダンテ、『わが秘密』を書いたペトラルカ、『デカメロン』の作者であるボッカチオらの詩人が登場し、まずは文芸の世界からルネサンスが盛り上がっていきました。

ルネサンス期のイタリアで最も代表的なルネサンス人といえば、レオナルド・ダ・ヴィンチでしょう。

微笑《びしょう》をたたえる女性を描いた『モナ・リザ』、壮大な壁画『最後の晩餐《ばんさん》』など、優れた絵画を描いた芸術家であるダ・ヴィンチは、一方で科学・土木などの分野でも才能を発揮して飛行機やヘリコプター、戦車、潜水艦《せんすいかん》の元型となるようなものを構想し、人体の解剖《かいぼう》も行いました。その多彩さから「万能人」とも呼ばれています。

彫刻《ちょうこく》、絵画、建築の分野でとくに有名なのがミケランジエロです。フィレンツェに生まれ、親の反対を押し切って画家のドメニコ・ギルランダイオに弟子《でし》入りしました。

そのころ、日本では？

ルネサンス最盛期の15世紀後半、日本では東山《ひがしやま》文化が栄えていました。応仁の乱で京都は焼け野原と化し、幕府も権威を失って不安定な世の中となります。室町幕府8代将軍足利義政《よしまさ》は公家《くげ》や僧侶、武家、町人などが一堂に会して語り合う場をつくったことで、東山文化が生まれました。

メディチ家の管理する古代彫刻庭園に出入りできるようになると、そこに集まっていたフィッツィーノ、ピコ・デラ・ミランドラといった人文学者と出会うことで才能が開花。『ピエタ』『ダビデ像』などの優れた彫刻を生み出しました。

ダ・ヴィンチとミケランジェロ、そして多くの聖母子像や『アテネの学堂』などを描いたラファエロは、合わせて「三大画家」と呼ばれています。

芸術家以外では、ニッコロ・マキャヴェッリが、フィレンツェの共和政権で外交に関わった経験を活かし、政治思想家として活躍しました。1532年に発表した『君主論』では、「小国家に分裂していたイタリアを統一するにはどのような君主が必要なのか」「君主が権力を保持し続けるにはどうしたらよいのか」を論じています。

何を信じる？

ルネサンスが盛り上がっていたころ、同じ時期にドイツでは、「聖書に立ち返るための運動」として「宗教改革」が起こっていました。

神聖ローマ帝国の神学者マルティン・ルターは、1517年に『九十五ヶ条の論題』

を発表し、買った人は罪のつぐないになるとしたローマ教会による贖宥状《しょくゆうじょう》の販売を批判します。ルターは「信仰によってのみ義《ぎ》とされる」と唱《とな》えます。これは『聖書』をただひとつのよりどころとする純粋な信仰によってのみ救済を求めるべき」という主張であり、「信仰と善行《ぜんこう》によって救済される」とするローマ教会の教義と異なるため、大きな混乱が起こります。

キリスト教世界はドイツ国内で、教皇・教会を重視するカトリックと、聖書の内容を重視するプロテスタントのふたつに分かれました。その流れはヨーロッパ全土に飛び火し、宗教戦争へと発展してしまいます。

カトリック側は、プロテスタントの勢力が拡大することに危機感を覚えます。そこで、教皇庁や教会の改革に取り組み、カトリック教義を確定して、布教《ふきょう》に力を入れました。この動きを「対抗宗教改革」といいます。

ルターが『九十五ヶ条の論題』を発表する以前から、カトリック内部でも「ほかを非難する前に、まずみずからを戒《いまし》め、規律正しい宗教生活をしよう」という運動が巻き起こっていました。

この改革の中心となったのが、カトリック教会の男子修道会となるイエズス会です。イグナティウス・ロヨラやフランシスコ・ザビエルらによって創設され、1540年には教皇パウルス3世から承認されました。

イエズス会は世界各地への教えを広め、日本にもカトリックをもたらします。

教皇パウルス3世は、1545年に最初のトレント公会議を召集し、カトリック教会の体制の立て直しを図《はか》るべく、教会を刷新《さっしん》をはかります。その後、トレント公会議は1563年まで断続的に行われ、禁書目録《きんしょもくろく》(カトリックにとって有害だとして教会が読むのを禁止した書物のリスト)の規範を作成し、宗教裁判所も強化しました。

これらの改革の根底にあったのは、「すべての民をキリスト教化する」という姿勢です。そのためには、導《みちび》き手である司教・司祭の育成が必要でした。

司教・司祭の質の向上のために、各司教区に聖職者養成の機関として神学校の設置が義務づけられました。しかし、すでに得ている自分たちの利益・利点を守ろうとする司教・司祭が多く、思いどおりの成果を挙げることはできませんでした。

なかなか進まない司教・司祭の育成を担《にな》ったのが、修道会でした。とくにイエズス会はカトリック改革と布教に熱心で、宗教分野にとどまらず社会のさまざまな分野でエリートの養成をめざし、寄宿学校を各地に設置します。

また、知識や技術だけにかたよった教育ではなく、人のあらゆる面を育てようという〝全人《ぜんじん》教育〟を理想とする教育課程をつくって、多くの人材を世に送り出しました。

イエズス会は組織としてのつながりを大切にし、社会の上層と下層、都市と農村、ヨーロッパとアジアを結ぶ架《か》け橋となったのです。

覇権争いの結末は？

14～15世紀のイタリア半島は、ルネサンスが盛り上がる一方、諸外国によるイタリアの覇《は》権《けん》をめぐって戦争の絶えない時代でした。

そのころ、日本では？

イエズス会のフランシスコ・ザビエルが1549年に来日し、キリスト教を伝えました。またアレッサンドロ・ヴァリニャーノが1579年に来日します。彼らの布教の成果をヨーロッパに知らせ、ローマ教皇の援助を得るため、1582（天正10）年に九州の大名はイタリアに使節を派遣しました。

1450年、フランチェスコ・スフォルツァがミラノ公国を引き継いだのをきっかけに戦争が勃発《ぼっぱつ》します。このとき、引き継ぎに反対するヴェネツィア、ナポリ、サヴォイア、モンフェッラートの同盟と、ミラノ、フィレンツェ、ジェノヴァ、マントヴァの同盟とが戦いました。

しかし、1453年にバルカン半島や地中海に進出するなど勢力を増していたオスマン帝国のメフメト2世がコンスタンティノープルを攻め落として東ローマ帝国を滅ぼします。イタリアの諸都市は、オスマン帝国の侵攻に対して危機感を強めました。なかでも、ヴェネツィアはイタリア北東部に位置するため、オスマン帝国への危機感は一層切実でした。

ヴェネツィア共和国をはじめ、イタリア半島で争っていたミラノ公国、フィレンツェ共和国、教皇国家、ナポリ王国の5つの大国は、これを機に関係を修復させていきます。まず、1454年4月にヴェネツィアとスフォルツァ家の間で「ローディーの和約」が結ばれ、スフォルツァ家のミラノ公位継承権を認める代わりに、スフォルツァ家が持っていたヴェネツィアの領土を返還することが決まりました。「ローディー」とは、条

ローディーの和約のころのイタリア半島

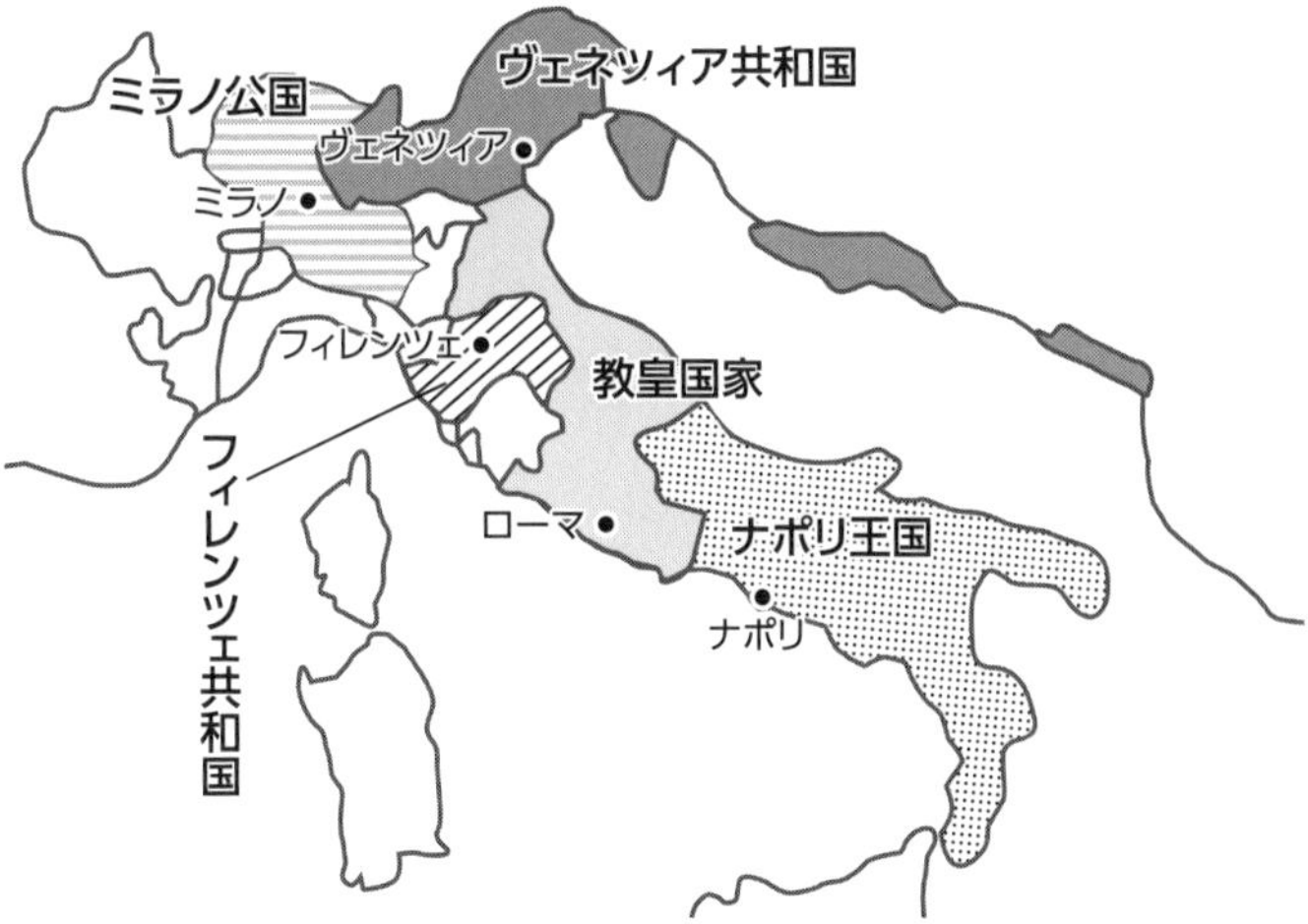

約が結ばれたイタリア北部の地名です。

この2カ国条約に続いて、フィレンツェ共和国、教皇国家、ナポリ王国もそれぞれの国家の間で不可侵条約を結びます。5大国の争いはこの条約によっていったん収まりました。

そしてイタリア半島では、このあとの約40年ほどは平和な時代が続きます。

フランスのせいで……

5大国の同盟が成立したとはいえ、領土をめぐって教皇とヴェネツィア、教皇とフィレンツェの間に争いがなかったわけではありません。

そして、5大国の平和が完全にくずれる決定的なできごとが、1494年に起こりました。フランス王国がイタリアに攻め込み、イタリア戦争が始まったのです。この戦争は1559年まで続き、イタリア半島は近くの大国が覇権を争う戦場になってしまいました。

ナポリの王位継承権を主張するフランス国王シャルル8世は、2万人以上の兵を率《ひき》いてイタリアに侵攻し、1495年2月にナポリを占領します。同じころ、フィレンツェではメディチ家がフランス軍の侵入を許したことから市民の反発を買い、国外へ追放されました。

一方で、5大国のうち教皇国家、ヴェネツィア共和国、ミラノ公国は、スペイン、神聖ローマ帝国と「反フランス同盟」を結びます。主導したのは教皇アレクサンデル6世です。情勢を不利とみたシャルル8世は、イタリアから撤退《てったい》してパリに帰還しました。シャルル8世は、イタリア遠征からもどって間もなく事故死します。その跡を継いだルイ12世は、1499年にイタリアへの侵攻を再開し、今度はミラノを占領します。

ミラノを占領したルイ12世は、先代の王がはたせなかったナポリの王位継承もねらっていました。しかし、フランス軍はアラゴン（スペイン）軍に敗れ、1504年に結ばれた条約により、ナポリ王位はスペイン王家が継承することとなります。

1511年、教皇のユリウス2世は、北イタリアでのフランスの勢力拡大を恐れて、ヴェネツィアとスペインとともに「神聖同盟」を結成しました。そして、神聖同盟の軍隊がミラノに接近してきたため、フランスはミラノを放棄して撤退します。

しかし1515年、ルイを継いだフランス国王フランソワ1世がふたたびミラノを占領しました。一方、ハプスブルク家のカールは1516年、スペイン国王に即位し、1519年にはフランソワ1世と争って神聖ローマ皇帝に選ばれます（カール5世）。

このあと、カールとフランソワの間で4回にわたるイタリア戦争が起こります。

カール5世が強すぎる！

1525年のパヴィーアの戦いでは、カール5世の軍に敗れたフランス国王フランソワ1世が捕虜になります。その後、釈放《しゃくほう》されると、教皇クレメンス7世と同盟を結んでカールに対抗します。

「カール」の治めた地域

出典：『詳説世界史B』（山川出版社）P216をもとに作成

この動きに反発したカール5世は軍勢をローマに送り、殺人、破壊、強奪《ごうだつ》などが行われ、教皇を監禁します（ローマ劫掠《ごうりゃく》）。

荒れはてたローマを目《ま》の当たりにした教皇クレメンスは、神聖ローマ帝国に降伏せざるを得ませんでした。

パヴィーアの戦いのあと、フランスはミラノとジェノヴァを放棄し、ナポリやシチリア、サルデーニャもすでにスペインの支配するところとなっていました。

フィレンツェでは、カール5世によってメディチ家が復帰します。教皇国家が降伏したことで、イタリアの大部分がカール5世の支配下に入ることとなりました。

その後、イタリア中部のボローニャでローマ教皇から正式に皇帝として認められたカール5世は、1533年から1534年にかけて、イタリア諸国と「ボローニャ同盟」を結びます。

イタリア戦争が終結

カール5世は1556年に退位し、スペイン王位を息子のフェリペ2世に継がせます。そして皇帝の位は弟のフェルディナント1世に継承させました。

一方、フランスでは、1547年にフランソワ1世の息子のアンリ2世が王位を受け継いでいました。

そして、スペインのカールとの戦争を再開しましたが、1557年に「サン・カンタンの戦い」で敗北し、1559年に「カトー・カンブレジ条約」が結ばれたことで、イタリア戦争は終わります。

この条約によって、フランス軍はイタリアから撤退《てったい》。スペインがイタリアの多くの部

1559年のイタリア（スペイン支配下）

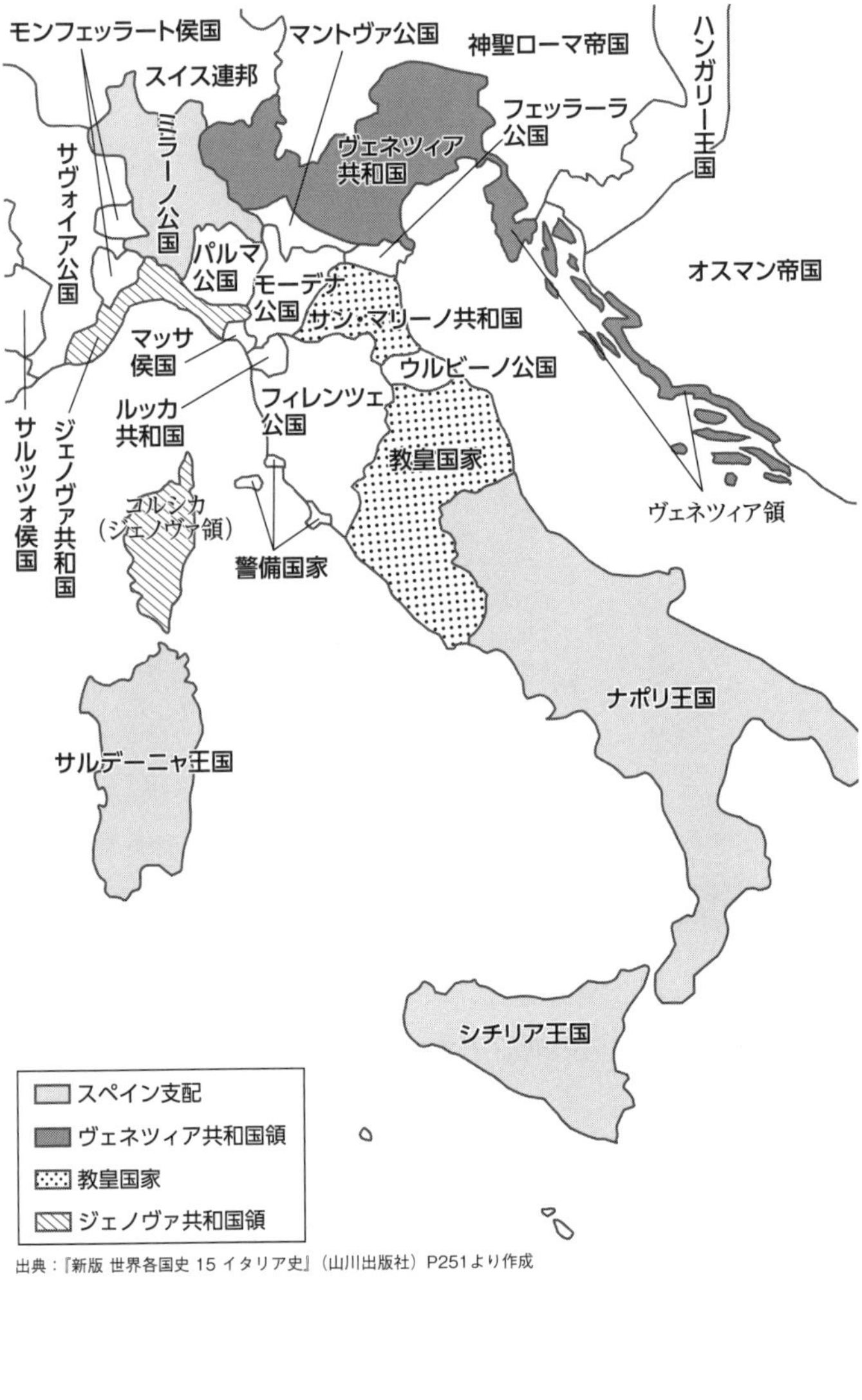

出典：『新版 世界各国史 15 イタリア史』（山川出版社）P251より作成

分を支配することになり、アンリ2世の娘とフェリペ2世の結婚も決まりました。

イタリアは誰のもの……？

カトー・カンブレジ条約による諸国家の枠組《わくぐ》みで、イタリアは17世紀を迎えました。

しかし1618年、神聖ローマ帝国で、カトリックとプロテスタントの対立から三十年戦争が始まります。カトリックの国であるフランスがプロテスタント側に立ってハプスブルク家と戦うことになり、北イタリアが戦場になりました。

フランスは、ミラノ公国を支配するスペインと戦いますが、1659年、両国の間にピレネー条約が結ばれ、戦争は終わります。長い戦いでしたが、フランスがイタリアで

そのころ、日本では？

1600年、徳川家康は関ヶ原の戦いで石田三成《みつなり》を破り、1603年、江戸幕府を開きます。さらに1614年の大坂冬の陣、翌年の大坂夏の陣で豊臣氏を滅ぼします。江戸幕府は大名の配置を工夫し、参勤交代を定めるなどして権限を強化し、安定した統治の基礎をつくりました。

得たものはほとんどありませんでした。

このような動乱のなか、イタリア半島で国家として独立していたのは、サヴォイア公国だけでした。

イタリア戦争では領土の多くをフランスに占領されたサヴォイア公国でしたが、カトー・カンブレジ条約により領土の回復をはたしました。このとき、かつての首都であったシャンベリーから、首都をトリノに移します。このあとサヴォイア公国とイタリアとの関係が深まっていきます。

貿易でも出遅れる

ヴェネツィア共和国の商人とされるマルコ・ポーロは、13世紀にアジアへ渡り、モンゴル人が建てた元《げん》という王朝に仕えました。マルコは『東方見聞録《とうほうけんぶんろく》』という旅行記を口述で残し、のちに本として出版されます。そして、日本の存在が〝ジパング〟として初

めてヨーロッパに伝わります。

この本の影響でヨーロッパの国がアジアに興味をもったことや、ポルトガル王子であるエンリケがアフリカ大陸西岸に進出したことなどをきっかけに、15世紀から17世紀まで続く「大航海時代」が始まりました。

ポルトガルが東へ進みインドまでの航路を開拓すると、これにスペインが対抗して西へ西へと船を進め、いわゆる「新大陸」を発見しました。以後、ポルトガルがインド・東南アジア、スペインが新大陸を支配していくことになります。

新航路による流通ルートを開拓したことにより、貿易は「地中海域中心」から「大西洋岸地域中心」へと大きく変わりました。このため、地中海を通じての東方貿易が衰え、イタリアは大打撃を受けます。

貿易の衰えによる経済の衰退で、イタリアは近代化に出遅れることになります。

サルデーニャ王国、成立

スペイン国王の家系であるハプスブルク家は、1700年にカルロス2世が跡継ぎを残さずに亡くなり、断絶します。そしてフランス国王ルイ14世の孫であるフィリップがフェリペ5世として即位したことで、スペインの王位はブルボン家に移ります。当時、ブルボン家はフランス国王の家系でした。

スペインとフランスの一体化を恐れたイギリスは、1701年にハプスブルク家のオーストリア、オランダらと同盟を結び、翌1702年にフランス・スペインに対して宣《せん》戦《せん》しました。これがスペイン継承戦争です。

サヴォイア公国のヴィットーリオ・アメデーオ2世は当初、フランス・スペイン側についていましたが、オーストリアからの誘いをうけて反フランス側に移ります。

スペイン継承戦争は、1713年のユトレヒト条約と翌年のラシュタット条約によって終わります。その結果、ナポリ王国、ミラノ公国、サルデーニャ島はオーストリアが獲得し、フランスとの戦いへの貢献が認められたサヴォイア公国は、シチリア島を得ました。

しかしスペインはこれに反発して、1717年にサルデーニャ、1718年にシチリアを奪回《だっかい》します。これに対して今度はオーストリアが反撃し、さらにイギリスとフランスも介入して、スペインの行動は抑えられました。

結果、1718年のロンドン協定、1720年のハーグ条約が結ばれ、シチリア島はオーストリアが、サルデーニャ島はサヴォイア家が領有することになり、サヴォイア家はシチリア王位の代わりにサルデーニャ王位を得ます。こうして、サヴォイア、ピエモンテ、サルデーニャを領土とする「サルデーニャ王国」が成立することになります。

誇張したアート

バロックという言葉には「極端な」「誇張《こちょう》された」「風変わりな」意味があります。17世紀のイタリアやフランス、スペイン、フランドル、オランダ、ドイツでは、ルネサンス期に「美しい」とされていた均整《きんせい》のとれた美術様式とは対照的な美術様式が流行しました。

バロック芸術と呼ばれる作品は、どれも躍動感《やくどうかん》にあふれ、明暗の対比がはっきりとしたダイナミックな作品です。

絵画ではカラヴァッジョが、自然主義で明暗の対比を使った斬新《ざんしん》な画風を打ち出し、注目を浴《あ》びます。彫刻・建築の分野ではベルニーニが、ローマの各所にバロック様式の華麗な装飾を施《ほどこ》しました。

音楽では、オペラが生まれました。オペラとは、せりふがそのまま歌詞になり、歌を中心に作品のストーリーが展開される劇のことです。ヤーコポ・ペーリが、現存する世界最古のオペラ作品とされる『エウリディーチェ』をフィレンツェで上演。その後、モンテヴェルディがマントヴァで『オルフェーオ』を上演して好評を博しました。

貴族の修学旅行

18世紀なかばになると、ヨーロッパは比較的落ち着きを取りもどしていきます。交通網も整備され始め、各地に宿や駅馬車なども配置されるようになりました。イギリスの上流階級の子弟たちは見聞を広げるべく、ヨーロッパ大陸を長期間かけて旅行するようになります。これを「グランドツアー」といいます。

当時の旅行には、莫大な費用が必要でした。そのためグランドツアーに出られるのは、特権階級の子弟だけでした。

グランドツアーはいわば「貴族の修学旅行」です。単に観光するだけではなく、各地の上流階級や専門の研究者との交流や大学への短期入学、書物や美術品の購入など、その目的もさまざまで、なかには数年間にもおよぶ場合がありました。

イタリアには古代ローマやルネサンスの遺産が多くあったため、旅行先としてとくに人気を集めました。

旅行のルートも「海路で港湾都市に上陸する」という従来のもの以外に、「アルプスを越えて陸路でイタリアに達する」というルートも増えました。しかしアルプス越えは過《か》酷《こく》なものだったのです。

ひみつコラム

イタリアの世界遺産

世界一の保有数を誇る

イタリアは中国と並んで、世界で最も多くの世界遺産があります。２０１９年12月現在、その数は文化遺産が50件、自然遺産が5件の合計55件。日本が23件ですから、じつに2倍以上の世界遺産を保有していることになります。

イタリアに世界遺産が多い理由は、その昔、ローマ帝国の首都ローマが存在したことによります。古代ローマは王政から共和政、元首政、帝政と統治の形を変えてきました。その間１０００年以上、ローマは中心都市として存在し続けました。

ローマには80年、ティトゥス帝によって建築された円形闘技場の「コロッセウム」や、紀元前6世紀ごろから２９３年まで古代ローマの政治・経済・商業の中心地として栄えた「フォロ・ロマーノ」、２１６年にカラカラ帝によってつくられた大衆浴場の「カラカラ浴場」など、当時の古代ローマの人々の生活を想像することのできる壮大な

「歴史地区」にあるヴェッキオ宮殿

カラカラ浴場

世界遺産が数多くあります。
もちろん、イタリアの世界遺産はローマばかりではありません。
ルネサンスの中心地だったフィレンツェには、多くの歴史的建造物や彫刻などの芸術作品が残っているため、「フィレンツェ歴史地区」として地域がそのまま世界遺産となっています。ミラノで外せないのはレオナルド・ダ・ヴィンチの『最後の晩餐』がある「サンタ・マリア・デッレ・グラツィエ教会」で、ルネサンスの影響を色濃く残す貴重な建造物でもあります。
古代ローマの中心であったイタリアは、ルネサンス期にも栄えたために、多くの世界遺産が残っているのです。

知れば知るほどおもしろいイタリアの偉人❷

正論を唱え続けた「天文学の父」

ガリレオ・ガリレイ

Galileo Galilei

（1564～1642）

350年も無実の罪を被《かぶ》った

ガリレオは1564年、トスカーナ地方のピサに生まれました。ピーサ大学に入学すると数学と物理に没頭しましたが、ひねくれ者だったガリレオは教授とよくぶつかり、卒業資格をとらずに退学してしまいます。

1592年にはパドヴァ大学で教授に就任。1610年まで幾何学、数学、天文学を教えるとともに研究を重ねます。ガリレオは望遠鏡を改良して天体観測を続け、ポーランドの天文学者コペルニクスが唱えた地動説が正しいと確信。それを裏づける数々の文献を発表しますが、その見解は聖書の教えに反していたため、2度も宗教裁判にかけられ有罪となり、謹慎《きんしん》を命じられたまま死去します。

何世紀も経た1992年、裁判が誤りだったことが公式に認められ、ローマ教皇ヨハネ・パウロ2世がガリレオに謝罪しました。その死から350年の時を経て、ようやくガリレオの無罪が確定したのです。

chapter 3

ひとつの国になるまで

啓蒙思想はイタリアにも

イタリアでは、18世紀になると少しずつ変化のきざしが出てきます。その影響のひとつが、当時、イギリスとフランスなどで盛んになっていた啓蒙《けいもう》思想（それまでの宗教中心の思考ではなく、理性的に自立した考え方を重視する思想）がイタリアにも広まったことです。

17世紀後半にイギリスの哲学者トマス・ホッブズが、国家と市民の関係を一種の契約とみなす「社会契約説」を唱えたことや、同じくイギリスの哲学者ジョン・ロックが自由と平等な権利に基《もと》づく政治を提唱したことが、啓蒙思想の先駆《さきが》けとされています。

フランスでは『法の精神』を書いたモンテスキューや『社会契約論』のルソーが、プロイセン王国（ドイツ）では〝批判哲学〟を唱えたことで知られるカントなどが、啓蒙思想を広げていきました。

18世紀なかばにはイタリア各地で出版活動が活発になり、行政・財政改革を求める議論が各地で起こりました。

イタリアの啓蒙思想家たちは積極的に政府機関に加わり、司法・行政機構や徴税制度《ちょうぜいせいど》、食料政策、農業技術、土地台帳、商品流通など、政治・経済・社会のさまざまな分野で改革を進めようとします。

改革の中心地となったのは、ミラノ公国とナポリ王国です。ミラノでは貴族のピエトロ・ヴェッリが「拳《こぶし》の会」と呼ばれたサークルを結成して社会改革を訴え、機関誌を発行することで世論の形成をはかりました。

「拳の会」をヴェッリとともに結成した友人で法学者のチェーザレ・ベッカリーアは、それまでの残酷な刑罰を批判し、拷問《ごうもん》や死刑の廃止を唱《とな》えました。これがヨーロッパ全土に大きな反響を巻き起こします。

一方、ナポリでは、大学教授のアントニオ・ジェノヴェージが、経済を改革して社会の状態を改善すべきだと説き、その教え子たちのなかから多くの啓蒙思想家が育ちました。これを、「ジェノヴェージ学派」といいます。

1763年にナポリで大飢饉《だいききん》が起こると、ジェノヴェージ学派の啓蒙思想家たちは社会から飢《う》えや貧《まず》しさをなくすことを目的とし、領主支配のあり方や土地所有の形態について、さまざまな改革案を政府に提言しました。

この時代、イタリアで啓蒙思想が盛んになり、改革を進めることができたのは、イタリアにとって比較的平和な状態が続いていたためです。しかし、18世紀末のフランス革命と、それに起因するヨーロッパの激動によって、イタリア半島の平和と啓蒙運動の流れは終わりを告げます。

イタリア王ナポレオン

1789年に起こったフランス革命は、市民が王政を打倒したことでヨーロッパ全土に強い衝撃《しょうげき》を与えました。王政が廃止されたあとのフランスで勢力を伸ばしたのがジャコバン派（山岳派《さんがくは》）と呼ばれる急進的なグループです。

このフランスのジャコバン派に影響を受けて、イタリアでも新しい社会の建設をめざす運動が起こります。その推進者たちは、ジャコバンにならって「ジャコビーニ」と呼ばれました。

18世紀なかばのイタリアの啓蒙主義者たちが君主政の枠組みを残した形での社会改革

をめざしたのに対し、ジャコビーニは「イタリアの社会をつくり直すには君主政を終わらせて共和政に移行し、さらにイタリア内の国境を取り払って統一する必要がある」と主張しました。

それまでイタリアの統一については、知識人の間で言語・宗教などのイタリア文化の共通性が意識されることはありましたが、政治的な統一を訴えたのはジャコビーニが初めてでした。そういう意味で、19世紀に起こるイタリアを統一しようという運動の起源をジャコビーニとする見方が有力です。

ちなみに、イタリア統一運動は、一般的にはイタリア語で「ふたたび立ち上がる」という意味のリソルジメントの訳語として使われてきました。ですが、本来リソルジメントとは、イタリアをよりよくしようとする政治、経済、文

そのころ、日本では？

1792（寛政4）年に、ロシアの特使ラクスマンが通商を求めて根室《ねむろ》に入港します。その後もロシア人による択捉島《えとろふとう》上陸などの事件が起こり、日本側も蝦夷地《えぞち》の調査を行いました。この流れを受けて、伊能忠敬《いのうただたか》は国に蝦夷地を測量する許可を求め、1800（寛政12）年に測量を開始します。

化、社会全体の動きのことで、統一運動はその一部にすぎません。

1796年に、司令官ナポレオン・ボナパルト率いるフランス革命軍が、オーストリアに対抗するためイタリアに侵攻してきました。フランス軍の駐留《ちゅうりゅう》のもとで、チザルピーナ共和国、ローマ共和国、ナポリ共和国など、共和政の国家が3年の間に次々と樹立されます。この3年間は「革命の3年間」や「ジャコビーニ革命期」と呼ばれます。

その後、フランス皇帝となったナポレオンは、ピエモンテ、トスカーナ大公国、教皇領をフランス帝国に併合《へいごう》する一方で、北東部から中部にかけては新たなイタリア王国を建国してイタリア王となり、養子のウジェーヌ・ド・ボアルネを副王に任命します。南部のナポリ王国では、兄のジョゼフを国王の座に就けました。

こうして、イタリア半島はナポレオンにより3つに分割されて統治され、フランス民法典（ナポレオン法典）が導入されるなど諸改革がなされました。

この時期、フランスの支配の外にあったのは、イギリスに守られていたシチリア島とサルデーニャ島だけです。

新しい国際秩序

ヨーロッパ全域に勢力を広げたナポレオンでしたが、ロシア、オーストリア、イギリスなどによる対仏大同盟の反攻でしだいに押されていきます。そして1815年、ワーテルローの戦いでナポレオン体制は崩壊しました。

ヨーロッパの再編を話し合うため、ヨーロッパ諸国の代表が集まってウィーン会議が開かれます。この会議で決まったヨーロッパにおける新たな国際秩序《ちつじょ》を「ウィーン体制」といいます。

イタリアに関しては、基本的にはナポレオンの侵攻以前の状態にもどされました。これにより、北西部にはピエモンテとサルデーニャ島をあわせたサルデーニャ王国、北東にはオーストリアが支配するロンバルド・ヴェーネト王国、中部にはローマ教皇が支配権をもつ教皇国家、オーストリアの強い影響下にあるトスカーナ大公国、パルマ王国、モーデナ公国、南部にはナポリ王国とシチリア王国をあわせたブルボン朝両シチリア王国が成立します。

あちこちで革命運動

ウィーン体制のもとで、イタリアはふたたび小国が乱立する状態にもどります。ですが、ジャコビーニの活動によってイタリアに広まった共和政や統一を望む動きはなくなりませんでした。そのため、各地で革命が起こり、本格的なイタリア統一運動が始まります。

初期の革命運動で活発に動いたのは、炭焼《すみやき》職人という意味を持つ「カルボナリ」と呼ばれた秘密結社です。ナポレオンのイタリア遠征後に結成されたと考えられるカルボナリのメンバーは、みずからを炭焼職人に見立て、社会をボスコ（森林）、集会所をバラッカ（山小屋）といった隠語《いんご》で表現していました。

最初はイタリア南部で広がり、ウィーン会議以降、

ウィーン体制のころのイタリア半島

旧体制の復活に不満を持つ幅広い層から支持され、イタリア全土に勢力を広げました。

このカルボナリが中心となり、1820年にはナポリで憲法の制定を求める「ナポリ革命」が起こり、国王フェルディナンド1世は、憲法を発布せざるを得なくなります。

翌年には、サルデーニャ王国の中心地であるピエモンテで一部の青年将校たちが「ピエモンテ革命」を起こして国王エマヌエーレ1世を退位させました。

ナポリ革命、ピエモンテ革命は成功したかにみえましたが、オーストリアは革命の広がりをおそれ、すぐに鎮圧に動きます。オーストリア軍は、1821年3月にナポリの革命を弾圧《だんあつ》し、翌月にはピエモンテにも侵入し、こちらでも新政府を打倒しました。

その後、イタリア全土では革命運動に厳しい弾圧が加えられ、カルボナリは衰退していきます。

この衰退には内部的な理由もありました。カルボナリには、貴族から中産市民（都市の商工業者など）、小地主、下級官吏《かんり》などさまざまな立場の異なる人々が集まっており、組織としての統一が欠けていたのです。

また、活動の目的も、専制政治の打倒と憲法制定といった大まかな方針が共有されているだけで、具体的な政治プログラムや社会改革の展望を欠いていました。

ただ、のちのイタリア統一運動の革命家の多くは、カルボナリの党員だった経歴を持っており、この組織が、イタリア統一の下地をつくったとも言えます。

青年イタリア結成

イタリア統一を実現させるのに大きな功績のあった三英傑と呼ばれる人たちがいます。それは、マッツィーニ、ガリバルディ、カヴールの3人です。

そのうちのひとり、ジェノヴァ出身のジュゼッペ・マッツィーニは、もともとカルボナリの党員でしたが、活動のなかでカルボナリの革命組織としての限界を感じます。1830年に逮捕され、翌年に国外追放となるとフランスのマルセイユに亡命して、「青年イタリア」という革命組織を結成しました。

青年イタリアは共和政によるイタリア統一を目標に掲《かか》げ、武力闘争と一般民衆の教育に力を入れました。そして、1833年にはピエモンテで蜂起を計画し、翌年にはジェノヴァとサヴォイアでも蜂起を計画しましたが、どれも失敗に終わります。のちにイタリア統一の立役者となるジュゼッペ・ガリバルディもジェノヴァでの蜂起の計画に加わっていました。

一方で、マッツィーニの急進的な活動に批判的な穏健《おんけん》自由主義派が台頭するようになります。彼らは君主政の打倒はめざさず、君主政のもとで改革を行い、同時にオーストリアの影響下から抜け出すべきだと主張しました。

代表的な穏健自由主義派には、歴史家で政治家だったチェーザレ・バルボなどがいます。以後、イタリア統一運動では、穏健自由主義派の主張する立憲君主政と、急進的な革命家たちが主張する共和政がふたつの大きな流れになっていきました。

そんななか、1848年にフランスで二月革命が起こったことで、また流れが大きく変わります。

二月革命では、国王ルイ・フィリップがパリから逃亡し、フランスは改めて王政が廃止されて共和政となりました。

さらに、革命の波はオーストリア、プロイセン王国（ドイツ）をはじめとするヨーロッパ全土に広まっていきます。これらの革命によってウィーン体制は崩壊しました。これを「1848年革命」、または「諸国民の春」といいます。

共和政を実現させた二月革命の成功と、オーストリアの混乱と同時に、イタリア諸国でも反乱が起こりました。

まず、シチリアのパレルモで反乱が発生し、両シチリア国王フェルディナンド2世に憲法の発布を認めさせます。この動きはイタリアのほかの国々にも広がり、トスカーナ大公国やサルデーニャ王国は相次いで憲法を発布しました。

オーストリアが直接支配するロンバルド・ヴェーネト王国においても、ミラノとヴェネツィアで民衆による蜂起が発生します。市街での激しい戦いのすえに、反乱勢力がオーストリア軍を撤退させることに成功し、ミラノとヴェネツィアにはそれぞれ臨時政府がつくられました。

2度の独立戦争

各地で民衆が立ち上がるなか、サルデーニャ国王カルロ・アルベルトは、ミラノの臨時政府から援助を要請《ようせい》されたことや、イタリア北西部のロンバルディア地方の併合をもくろんでいたこともあり、オーストリアに対して宣戦布告をします。これが「第一次イタリア独立戦争」です。ただ、この戦いでサルデーニャ軍はオーストリア軍に敗れ、ミラノを奪回されたため停戦します。

それでも各地の反乱は収まらず、1848年の11月には教皇国家で実力者のペレグリーノ・ロッシが暗殺され、教皇ピウス9世はローマから逃亡しました。

教皇国家では、翌年初めに議会選挙が行われ、1849年2月に「ローマ共和国」の成立が宣言されます。ローマ

そのころ、日本では？

イタリアで1848～49年革命が終わったあとの1853年、アメリカのペリー提督《ていとく》が4隻《せき》の黒船を率いて浦賀沖に姿を現し、日本中が大騒ぎとなりました。同年には、ロシア大使のプチャーチンが開国通商を求めて長崎に来航。長い間日本が守り続けてきた、いわゆる鎖国体制が揺らぎます。

共和国は政府にマッツィーニを迎え入れ、信仰の自由や死刑廃止、教育の無償化《むしょうか》などを定めました。このローマ共和国の建国には、ガリバルディも参加しています。

数々の反乱により、イタリア各国で憲法が発布され、専制政治は終わるかと思われました。しかし、ローマ共和国は成立の5カ月後にフランス軍の攻撃を受けて崩壊。そのほかの国々もオーストリアの巻き返しにあって、イタリアでの革命運動の流れはとだえます。

その結果、イタリアはまたしてもオーストリアの強い影響下に置かれることとなりました。また、サルデーニャ王国を例外として、ほかの国はすべて憲法を破棄し、専制体制にもどってしまいます。

イタリアで唯一の立憲君主政となったサルデーニャ王国では、首相のカミッロ・カヴールが産業の育成や銀行業務の拡大、鉄道・海運など社会基盤の整備に努めるなど、国内の改革に取り組みます。そして、通商協定をイギリス、ベルギーなどと結んで自由主義経済を進め、またクリミア戦争に参加するなど積極的な外交政策も進めます。

約10年間かけて国力を高めたサルデーニャ王国は、ナポレオンの甥にあたるフランス

第二次イタリア独立戦争の関係図

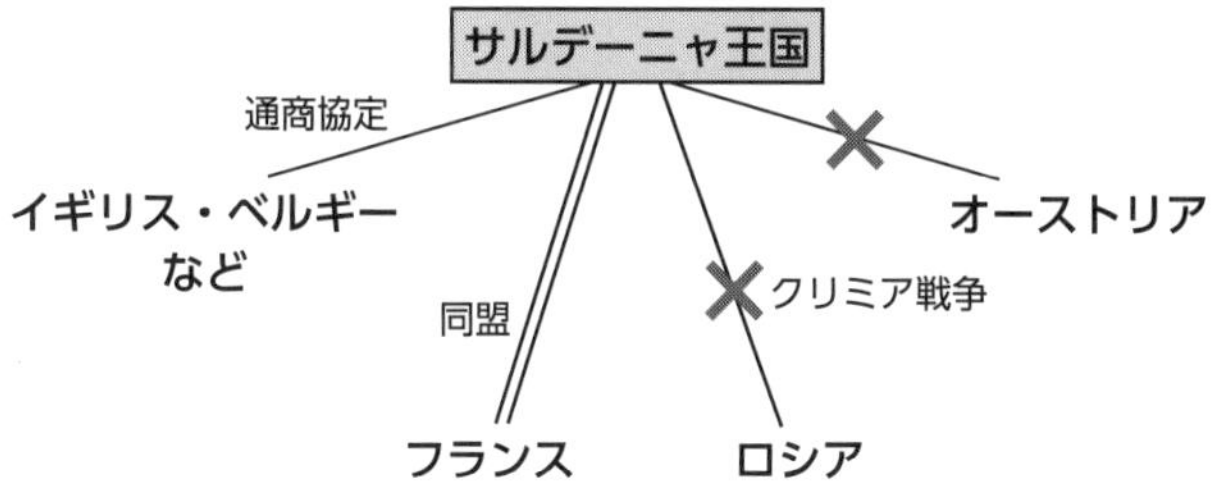

皇帝ナポレオン3世と同盟を結び、1859年にオーストリアと開戦し、「第二次イタリア独立戦争」が始まります。

この戦争は短期間で終わりました。フランス・サルデーニャ連合軍は6月4日のマジェンタの戦いでオーストリア軍に勝利し、さらに、6月24日のソルフェリーノの戦いにも勝利します。

ところが、ナポレオン3世はここで戦争をやめて、オーストリアとヴィラフランカ条約を結びます。このためサルデーニャ王国は、ロンバルディア地方を獲得しただけにとどまります。

それでもサルデーニャ王国を中心とするイタリア統一の気運は弱まらず、同年中に、トスカーナ大公国、パルマ公国、モーデナ公国、教皇国家北部のレガツィオーネ地域は、サルデーニャ王国との合併を決めました。

1000人の進軍

第二次イタリア独立戦争のあと、イタリアにはサルデーニャ王国、ヴェネトを統治するオーストリア帝国、教皇国家、両シチリア王国の4つが残りました。

1860年、シチリア島のパレルモで反乱が起こります。民主主義派として各地での反乱に関わってきた革命家のガリバルディはシチリア島の反乱を支援するため約1000人の義勇兵を集め、「千人隊」を結成します。この部隊は、一部が赤シャツを着用していたことから「赤シャツ隊」とも呼ばれました。

千人隊はシチリア島に上陸すると、現地の反乱軍を取り込んで規模を拡大させながら進軍。最終的にシチリア島を制圧します。ガリバルディ軍はさらにメッシ

ーナ海峡を渡ってナポリに攻め込み、両シチリア王国を崩壊させました。

このあと、ガリバルディはローマまで進軍するつもりでしたが、彼らの勢力拡大を警戒したサルデーニャ王国の首相カヴールがサルデーニャ軍を派遣して、ローマへの進軍を抑え込みます。

カヴールは穏健自由主義的な立場の政治家で、独立と統一の主導権を急進的な民主主義派が握ることを防ごうとしたのです。さらにはローマを守っているフランス軍とガリバルディの軍が戦い、フランスが介入してくることをどうしても避けたかったのです。

そしてカヴールは、ナポリとシチリアの住民投票で、圧倒的多数がサルデーニャ王国との合併を望むようしむけました。

そのころ、日本では？

1858（安政5）年から翌年にかけて、江戸幕府の大老・井伊直弼《いいなおすけ》が、自身の政策に反対する大名や公家《くげ》、志士を弾圧しました。安政の大獄《たいごく》です。前水戸《みと》藩主の徳川斉昭《なりあき》や吉田《よしだ》松陰《しょういん》などが、厳しく処罰されました。直弼は、1860（安政7）年に桜田門外で水戸浪士らに暗殺されました。

ガリバルディはやむを得ず、住民投票の結果に従ってサルデーニャ王国のヴィットーリオ・エマヌエーレ2世に、自身が征服した領土を与えます。

こうして、サルデーニャ王国がほかの諸国家を併合する形で、イタリアの統一は果たされました。統一国家の名称は1861年に「イタリア王国」と決まります。

イタリア王国はヴィットーリオ・エマヌエーレ2世を国王とする立憲君主政の国家で、自由主義派が望んでいた形でした。

民主的な共和政の国家をめざしてイタリア統一運動を推進してきたマッツィーニやガリバルディにとっては、満足のいく国の形ではなかったといえます。新たな憲法も制定されず、サルデーニャ王国のものが使われました。最初の首都はトリノで、1864年にフィレンツェに移転します。

約１３００年ぶりの統一

イタリア王国が成立した時点でも、オーストリアの支配下にあったヴェーネト地方とフランス兵が駐留《ちゅうりゅう》していたローマ教皇領は、まだ統一されていませんでした。

１８６６年にイタリア王国首相リカーソリはプロイセンと同盟を結び、ヴェーネトを解放するためにオーストリアとの戦争に加わります。

この「第三次イタリア独立戦争」とも呼ばれる戦いで、イタリア軍は勝利したわけではありませ

イタリア統一時の勢力図

ん。ですが、プロイセン軍が勝利したことで、ヴェーネトの併合に成功しました。

さらに、1870年にドイツとフランスが戦争を開始。ローマにとどまっていたフランス兵が自国にもどります。イタリア軍は同年9月、ローマを占領して教皇領を併合しました。

ローマ教皇は領地の大半を失い、カトリック教会の総本山であるヴァチカンに封じ込められる形になります。

そのため、イタリア国家とローマ教会の関係は悪化し、カトリック教徒は新国家に非協力的な態度をとりました。

ローマを併合したことによって、イタリアはほぼ統一されることとなります。アルプス山脈から半島南部を経てシチリア島までイタリア全域がひとつの国家にまとまるのは、6世紀にランゴバルド族が北イタリアに侵入してきて以来、

そのころ、日本では?

1871（明治4）年、日本では明治政府が廃藩置県《はいはんちけん》を行いました。欧米の先進諸国が行っていた中央集権の体制にならったものです。全国にあった261の藩を廃止して、3つの府と72の県を置きます。また、西郷隆盛《さいごうたかもり》、木戸孝允《きどたかよし》が参議として政体改革にあたることになりました。

約1300年ぶりのことでした。

そして1871年、イタリア王国の首都はフィレンツェからローマに移されます。首都は行政の中心地となりますが、これで、以後も諸都市はそれぞれ独自の文化圏を維持し続けました。諸地域の伝統を重視する多中心主義の傾向は、現在でも変わりません。

日本との交流

ところで、イタリア王国成立から3年を経た1864年、イタリアの駐仏大使コンスタンティーノ・ニーグラは、パリで江戸の幕府使節である池田長発《ながおき》と通商条約の締結のための交渉をしていました。当時、イタリアでは蚕《かいこ》の病気が広まったことで繭《まゆ》の生産が激減していて、日本から蚕の卵を輸入して国内の製糸産業を立ち直らせたいと考えていたのです。

2年後、イタリアの派遣使節ヴィットーリオ・アルミニヨンが横浜に来航して、「日伊修好通商条約」が結ばれます。これにより、イタリアの蚕種商《さんしゅ》（蚕の卵をあつかう商人）が日本に蚕種や繭の買いつけに訪れるようになり、両国の蚕卵《さんらん》貿易が盛んになりました。

1867年に着任した全権公使のヴィットーリオ・デ・ラ・トゥールはみずから上州《じょうしゅう》（現在の群馬県）の養蚕《ようさん》地帯に視察旅行に出かけています。

しばらくして明治政府は、岩倉具視《いわくらともみ》を全権大使とする使節団をヨーロッパに派遣しました。使節団一行は、1873年の春に約1カ月間イタリアに滞在します。彼らはフィレンツェ、ローマ、ナポリ、ヴェネツィアなどの主要都市を回って産業や文化を視察し、そのことを細かく記録に残しました。使節団は帰国後、このときの見聞《けんぶん》を『米欧回覧実記《べいおうかいらんじっき》』としてまとめています。

「未回収のイタリア」ってどこ？

ローマを併合したことで統一を完成させたイタリア王国でしたが、北東部のトレンティーノとトリエステはまだオーストリアの支配下にありました。これらの地域のことを、「未回収のイタリア」といいます。

イタリアでは、未回収のイタリアを奪回するために「イレデンティズモ」（復帰運動）という運動が広がります。

運動には多くの民主派、共和派のグループが参加していきます。そのなかで、トリエステの愛国者グリエルモ・オーベルダンが、オーストリア皇帝フランツ・ヨーゼフ1世の暗殺を計画して処刑されるという事件も起こりました。

イタリアとオーストリアの関係はよくありませんでしたが、国際関係のなかでイタリアはドイツに接近し、ドイツを通してオーストリアとの関係もしだいに深まっていきます。ヨーロッパ列強《れっきょう》が海外進出の動きを強めると、イタリアもアフリカへの進出をねらうようになります。

「未回収のイタリア」

「青年イタリア」を指揮した革命家

ジュゼッペ・マッツィーニ

Giuseppe Mazzini

（1805～1872）

イタリアの統一と自由を求め続けた

マッツィーニは1805年、ジェノヴァで生まれました。学業成績は優秀で、ジェノヴァ大学を卒業後、弁護士として開業しました。

しかしマッツィーニは1827年、秘密結社カルボナリに入党。その後、亡命先のフランスのマルセイユで、イタリアの統一・独立・自由をめざす組織「青年イタリア」を結成しました。1849年には、革命で成立したばかりのローマ共和国の首長のひとりに選ばれています。

一方では、詩人ダンテの作品の説明・解説を行った人物としても評価を得ている文学的な一面もありました。

君主政によるイタリア王国の成立で、マッツィーニのめざした共和政は実現しませんでした。

しかし、1872年にマッツィーニがピサで亡くなったあとも、その遺志は共和主義運動として長く受け継がれていくことになります。

chapter 4

第一次世界大戦とファシズム

フランスへの対抗策

イタリアは1882年、ドイツおよびオーストリア・ハンガリー帝国と三国同盟を結びます。

イタリアは、かねてより経済の交流があったアフリカのチュニジアを自己の勢力圏とみていました。ところがそのチュニジアがフランスに保護国化されたため、国内の反仏感情が高まります。

そこで、フランスと対立するドイツと結び、また、オーストリアとの間には「未回収のイタリア」と呼ばれる、領土へのわだかまりは残ったままでしたが、

19世紀末のヨーロッパ諸国の関係

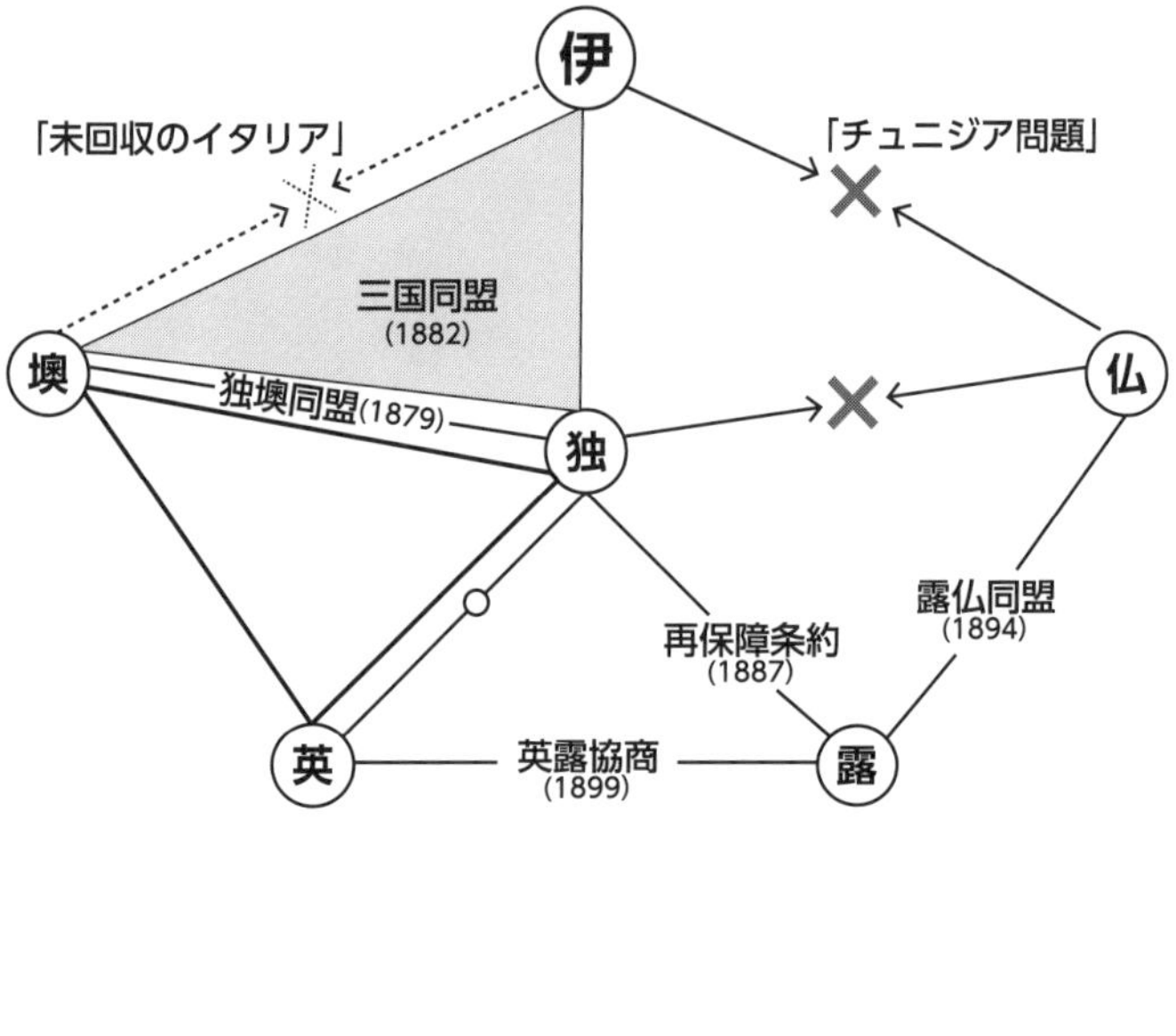

三国で同盟を結成したのです。

南部初の首相

列強の仲間入りをめざし、植民地進出に熱心だったのは、首相のフランチェスコ・クリスピでした。

クリスピはアルバニアからシチリアに移住した商家出身の政治家で、ガリバルディのシチリア征服（112ページ）では参謀《さんぼう》を務めるなど、もともと革命運動に関わっていました。

イタリア統一後はカヴールが主導した立憲君主政を支持して下院議員となり、1887年に南部出身者として初めて首相になります。国内のさまざまな法制度を整備し、行政改革に取り組み、地方に対する国家の権限を強めました。

クリスピは、外交政策では三国同盟を強化し、アフリカに進出するなど、強硬姿勢を示します。

しかし、1896年のアドワの戦いでエチオピア軍に大敗。イタリア側の死者は1万

6000人にのぼりました。この事件で、イタリアのアフリカ進出の野望はくだかれます。

ジョリッティの手腕

1900年に国王ウンベルト1世がアナーキスト（無政府主義者）に暗殺されて19世紀が終わります。そのあと活躍したのが、計5回首相を務めることになるジョヴァンニ・ジョリッティです。

ジョリッティは議会制を確立させ、議会中心の政治を運営するとともに、経済面では工業化を進めました。経済発展のためには労使関係の正常化が重要だとして、労働運動を弾圧するだけでなく、労働者の団結権を認めることもします。

国の構造や制度を変えていくというよりは、行政を重視

そのころ、日本では？

1900（明治33）年の9月に、伊藤博文《いとうひろぶみ》が憲政党《けんせいとう》や一部官僚《かんりょう》などを集めて「立憲政友会《りっけんせいゆうかい》」を結成。1918（大正7）年には原敬《はらたかし》が総裁となって日本初の本格的な政党内閣を組織します。立憲民政党《りっけんみんせいとう》と並ぶ2大政党でしたが、1932（昭和7）年の五・一五事件後、内部分裂しました。

して公務員の数を増やし、公共サービスの改善をはかりました。さらに選挙法の改正にも取り組み、有権者の数がそれまでの10人にひとりから4人にひとりまで増えます。

この時期のイタリアでは工業化が進みますが、それは主に北イタリアでのことで、南イタリアでは近代化が進まず、北と南の格差が広がりました。南イタリアからアメリカ大陸に移民する人が数多く出て、1900年からの10年間の移民は600万人以上にもなります。

水力発電のおかげで

ここでイタリアの経済発展を支えた主な要因を見てみましょう。

まず、19世紀に長期の貸し付けや投資をする銀行が登場。さらにアルプス山脈の水を活用した水力発電で電気エネルギーが開発されました。それまで大量の石炭を輸入することが負担となっていたイタリアでしたが、水力による豊かな電気エネルギーの登場で重化学工業が急速に発展することになります。

機械工業ではフィアット、ランチャ、アルファロメオといった自動車会社、化学工業では硫酸の製造量を増やしたモンティカティーニ、ゴム製品製造のピレッリといった会社が設立され、ナポリ郊外にも製鉄所がつくられました。

それまでの主要産業である綿工業や毛織物業といった繊維産業も、バルカン半島や中東まで市場が広がったことで成長を続けました。

貿易収支は赤字でしたが、移民からの巨額な本国への送金のおかげで、国際収支は安定していました。

アフリカを獲るぞ

ジョリッティは当初、ドイツ、オーストリア・ハンガリー帝国と結んだ三国同盟を中心とした外交を考えていました。ただし、フランスとは関係を改善して、比較的良好な関係を保《たも》ちました。

さらにジョリッティは、議会制の整備、行政主導の統治、工業化の推進などに力を発揮しました。しかし、国民の心に訴えかける政治理念を欠いていました。そうしたなか、海外での領土獲得を主張するナショナリズムの動きが強まっていきます。

モロッコをめぐるドイツとフランスの権益争いに乗じて、1911年、ジョリッティはトルコ（オスマン帝国）が領有するアフリカ北岸のトリポリタニア、キレナイカ（両地域が合体したのが現在のリビア）の獲得に乗り出します（イタリア・トルコ戦争）。現地民のはげしい抵抗にあいますが、戦争で勝利したイタリアは、これらの地をリビアと名づけて植民地としました。

勝ったはいいが……

第一次世界大戦が始まる前、イタリアの立場は複雑でした。当時のヨーロッパは、ドイツ・オーストリア・イタリアの三国同盟と、フランス・ロシア・イギリスの三国協商という2つのグループが存在し、双方のグループが牽制《けんせい》しあっていました。

三国同盟を結んではいたものの、「未回収のイタリア」問題が残るオーストリアとの関係は微妙でした。

そんな状況のなか、事態は動きます。１９１４年6月28日、オーストリア・ハンガリー帝国の皇位継承者であるフランツ・フェルディナント大公夫妻が、サラエボ（ボスニア・ヘルツェゴビナ共和国）でセルビア人青年の発砲により射殺《しゃさつ》されました。

この事件をきっかけにオーストリアがセルビアを攻撃し、第一次世界大戦が勃発《ぼっぱつ》します。

開戦直後、イタリアは中立の立場をとり、様子を見つつも未回収のイタリアについて、オーストリアに返還を要求します。しかし、満足のいく返事が得られませんでした。

第一次世界大戦の情勢

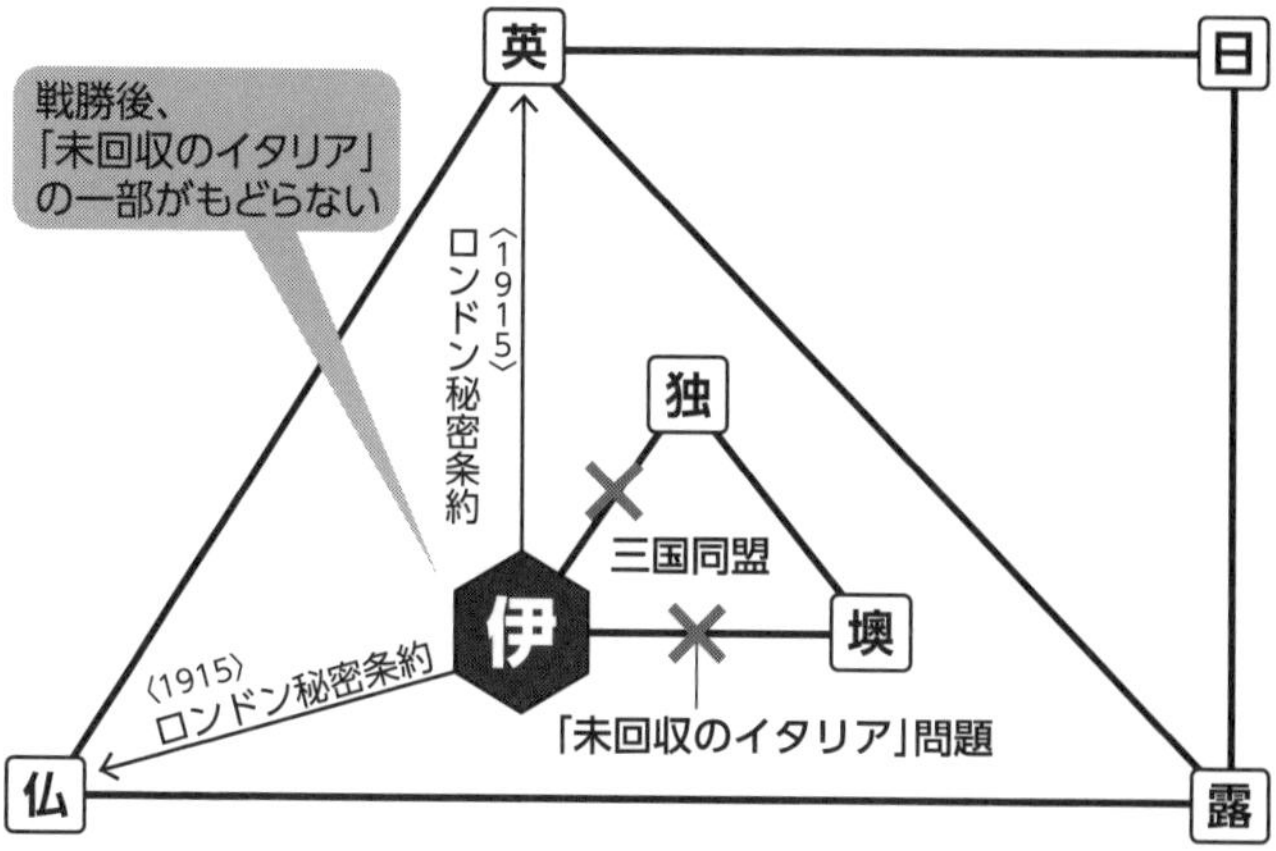

開戦の直前にイタリア政府は、ジョリッティ首相からサランドラ首相に代わっており、新政府はイギリスとフランスと領土問題について交渉します。

1915年4月、イタリアは未回収地を自国領土にする約束を得て、三国協商側につくという密約をイギリス、フランスと交わします。その翌月、三国同盟を破棄《はき》したイタリアは、オーストリアとの戦争に突入しました。

1916年8月には、ドイツとも戦争状態となります。翌年10月、イタリア軍はカポレットで大敗しました。オーストリア軍にヴェネツィア近くまで攻め込まれますが、それでも態勢を立て直し、１９１８年11月にヴィットーリオ・ヴェーネトでオーストリア軍を破り、停戦協定を結びます。

５００万人以上の兵士が動員され、60万人を超える戦死者を出した戦争でしたが、イタリアはなんとか戦勝国となりました。

しかし、１９１９年に開かれたパリ講和会議で、イタリアはむくわれませんでした。

イタリアは、ロンドン秘密条約で約束されたダルマツィアの回収のほか、イタリア系の住民が多い港湾都市のフィウメ（現在のクロアチアのリエカ）を望みますが、両方とも拒否されます。

最終的にイタリアは、未回収地の一部であるトレンティーノ、南チロル、イストリアの領土を回復するにとどまり

そのころ、日本では？

第一次世界大戦中の日本は好景気でしたが、戦後は不況が深刻化しました。これは、大戦中に停滞していたヨーロッパ諸国の復興が進み、さまざまな製品がアジア市場に再び復帰したからです。1920（大正9）年には株価が暴落し、戦後恐慌といわれる不景気に襲われました。

第一次世界大戦後のイタリア北部

ました。

当時のイタリア首相のヴィットーリオ・エマヌエーレ・オルランドとソンニーノ外相は、これに抗議して会議を途中退席して帰国。国内では「損《そこ》なわれた勝利」だという感情が広がり、不満が高まりました。

50万人のストライキ

こうした状況で行動を起こしたのが、詩人のガブリエーレ・ダンヌンツィオでした。１９１９年９月、ダンヌンツィオはナショナリストや軍人を率いてフィウメを占領します。

この行動は、ダルマツィアへの進出やアドリア海の貿易を確保するという目的だけでなく、弱腰《よわごし》の政府に対する批判の意図がありました。

政権に復帰したジョリッティは1920年のクリスマスイヴに軍隊を派遣してフィウメを解放しますが、ダンヌンツィオは国民から英雄視されました。

第一次世界大戦後のイタリアでは、物価が上昇し、国民の生活は極《きわ》めて苦しくなっていました。戦時中に兵士として動員した農民に対して政府が約束した土地の分配が不十分で、農民が土地を占拠《せんきょ》するなどの事件が起こります。

労働者の不満も噴出《ふんしゅつ》しました。1917年のロシア革命で労働者や農民による革命が成功し、ロシアは社会主義国家となりました。ロシア革命はイタリアの社会党の急進派を勢いづかせて労働者に行動を呼びかけ、北イタリアでス

そのころ、日本では？

第一次世界大戦の末期に義勇兵としてイタリア戦線に参加した日本の作家・教育家の下位春吉《しもいはるきち》は、ダンヌンツィオと交流があり、フィウメにも招かれています。下位はムッソリーニとも面識があり、のちにファシズム運動を日本に紹介しました。

トライキが相次ぎました。

　とくに1920年9月には、50万人もの労働者が4週間以上も工場や造船所を占拠します。この時期は「赤い二年間」と呼ばれ、過激な労働闘争が立て続けに起こりました。

　ここでもジョリッティ首相は巧みな収拾策を実行し、労働者は経済改良のわずかな成果を得ただけで終息します。社会党は労働者の闘争を十分に指導できなかったために、党内の左派が共産党を結成することになりました。

　一方、工場経営者や地主たちは、労働者や農民の闘争を政府が鎮圧できず、「政府は自分たちを守ってくれない」という感情を抱くことになります。

ファシストあらわる

都市の労働運動の指導力を失った社会党ですが、活動拠点であるポー平原（イタリア北部・中部）の農業地帯では、まだ強い力を保っていました。

この社会主義勢力に対して1920年末から、フェッラーラやボローニャなどで〝ファシスト〟と名乗るグループが暴力的な襲撃を日常的に行うようになります。軍や警察はこれを黙認《もくにん》しました。襲撃隊のメンバーは学生や有力者の子ども、復員兵などで、彼らは地主や有産者から武器や資金を援助《えんじょ》されていました。

社会党を襲撃していたファシストたちは、農場経営者と手を組んでファシスト労働組合の組合員だけを雇用する方針を強制します。このため、失業を恐れる農業労働者はファシスト系の労働組合に移ることを余儀《よぎ》なくされ、ファシストたちはポー川周辺の社会党勢力に打ち勝ちます。

社会主義勢力を攻撃する過激なファシストたちの運動は各地に広がりました。新たに、商店主などの自営業者や自作農といった中間層などが参加していきます。

ところで、こうしたファシストはどこから登場したのでしょうか。

ファシズムやファシストという言葉はイタリア語のファッショという語に由来し、「たば」「団体」という意味です。

ファッショという語は労働運動でごく一般に使われていたのですが、ムッソリーニが1919年3月に「戦闘ファッシ」という組織を作ってから、そのメンバーをファシストと呼ぶようになり、特別の意味を持ちはじめます。

ムッソリーニは以前、社会党機関紙の編集長を務めていましたが、党の方針に背《そむ》いて第一次世界大戦への参戦を主張したため、党から除名されています。

ムッソリーニが新しく「戦闘ファッシ」を組織したとき、そのプログラムは8時間労働、最低賃金の保証、累進課税などの社会政策を掲げており、まだ国家主義や全体主義の構想は持っていませんでした。

戦闘ファッシはムッソリーニの拠点であるミラノで誕生しましたが、ポー平原の農業地帯で勢力を拡大し、ムッソリーニの都市ファシズムに対して農村ファシズムとして運動を展開しました。

ファシスト勢力拡大！

1921年5月の総選挙では、社会主義勢力に抵抗するため、ジョリッティのもとで「国民ブロック」という連合が結成されます。ムッソリーニの戦闘ファッシも国民ブロックに参加して選挙にのぞみ、ムッソリーニを含む35人が国会の議席を得ました。

ジョリッティはファシストたちの過激な行動を抑えて議会政治の枠のなかに引き入れようとしたのですが、結果的にファシズムの台頭を許すことになってしまうのです。

直接行動を主張する農村ファシズムの勢力はムッソリーニを〝議会主義〟だと批判して、ファシズムの内部で対立が生じます。この対立を克服するためにムッソリーニは戦闘ファッシを政党化して、政党的規律のもとで運動する方針をとります。

こうして、1921年11月に「国民ファシスト党（ＰＮＦ）」

が結成されました。

39歳で首相に

各地でバラバラに活動していたファシストの動きに政党としての規律が導入されたことで、ムッソリーニは政治的な指導権を得ることになります。ファシスト党は議会内での活動とともに議会外での暴力的な直接行動を強めていきました。

こうして1922年の5月から7月にかけて、フェッラーラやボローニャなどのイタリア北部、中部の主要都市を占拠します。そして、同年10月28日、ムッソリーニはファシスト政権を実現するために、首都ローマへの進軍を始めました。

28日未明、あらかじめ決められていた3カ所の集合地点から、2万人ほどの〝黒シャツ隊〟がローマに向かいました。黒シャツはファシストの制服です。

当時の首相ファクタは、国王のヴィットーリオ・エマヌエーレ3世に戒厳令《かいげんれい》の発布を要請しますが、国王は応じませんでした。その理由は、現在でも謎《なぞ》のままです。

ファシスト部隊の圧力をうけて、国王はムッソリーニに組閣《そかく》を命じ、ムッソリーニは30日、待機していたミラノからローマに到着。そして、39歳という当時最年少の首相が誕生したのです。

独裁宣言！

議会で小党派のファシスト党は他党と連立内閣を形成しますが、他党はファシスト党が議会外の直接行動をやめて、議会政治の枠にもどることを期待したのです。議会でとにかく多数派になることをめざしたムッソリーニは、新選挙法を定めます。そして、1924年に下院の総選挙を実施して、国民ファシスト党は大勝しました。

当時、統一社会党書記長を務めていたジャコモ・マッテオッティ議員は、これを不正選挙だとして、きびしく追及します。このためマッテオッティは、1924年6月10日にファシストに誘拐《ゆうかい》され、遺体《いたい》で見つかりました。

これをきっかけに、反ファシズム運動が盛り上がります。下院議員たちは議会活動をやめ、反ファシズム諸党派のアヴェンティーノ連合を結成。マッテオッティの殺害にはムッソリーニ自身が関係しているのではないか、と強く疑われました。

ムッソリーニの側近だった政府高官は失脚し、議会の内外でムッソリーニの責任を問う声が高まりました。

この事件はムッソリーニにとって政権発足後の最大の危機でしたが、反ファシズム諸党派も決め手に欠けていました。一方、ファシスト党内の急進派はこの事態を強硬策で乗り切ることを要求し、ムッソリーニに圧力をかけます。

この圧力に押されたムッソリーニは攻勢に転じ、1925年1月3日、議会で力による支配を宣言します。イタリアが独裁への道を進む転換点でした。

そのころ、日本では？

1923（大正12）年9月1日、日本では関東大震災が起こり、関東南部は壊滅的な打撃を受けました。地震発生が昼食の時間帯だったために多くの火災が発生し、死者は10万人以上にのぼりました。この地震は、その後の地震の研究対策の大きなきっかけになりました。

ひみつコラム

イタリアの食生活

地元の素材を活かしたピザ・パスタ

イタリアの料理といえば「ピザ」と「パスタ」が代表的でしょう。

イタリアで初めてピザがつくられたのは16世紀に入ってからのことです。当時のピザは、小麦粉をベースとした生地に、ラードや塩、にんにくなどを加えて焼いたもので、現在のフォカッチャ（平たいパン）に近いイメージです。

その後、改良が加えられ、よりソフトな生地にラードやバジル、胡椒《こしょう》を乗せたり、小魚を乗せたりという現在に近いピザができあがりました。

16世紀後半から17世紀にイタリア南部でトマトの栽培が始まり、また同時期に、水牛の乳を原料とするモッツァレラチーズが誕生していました。ナポリ近郊でトマトとチーズをトッピングしたピザが売られるようになります。そして「これはおいしい!」とまたたく間に流行し、ナポリはピザの聖地となりました。

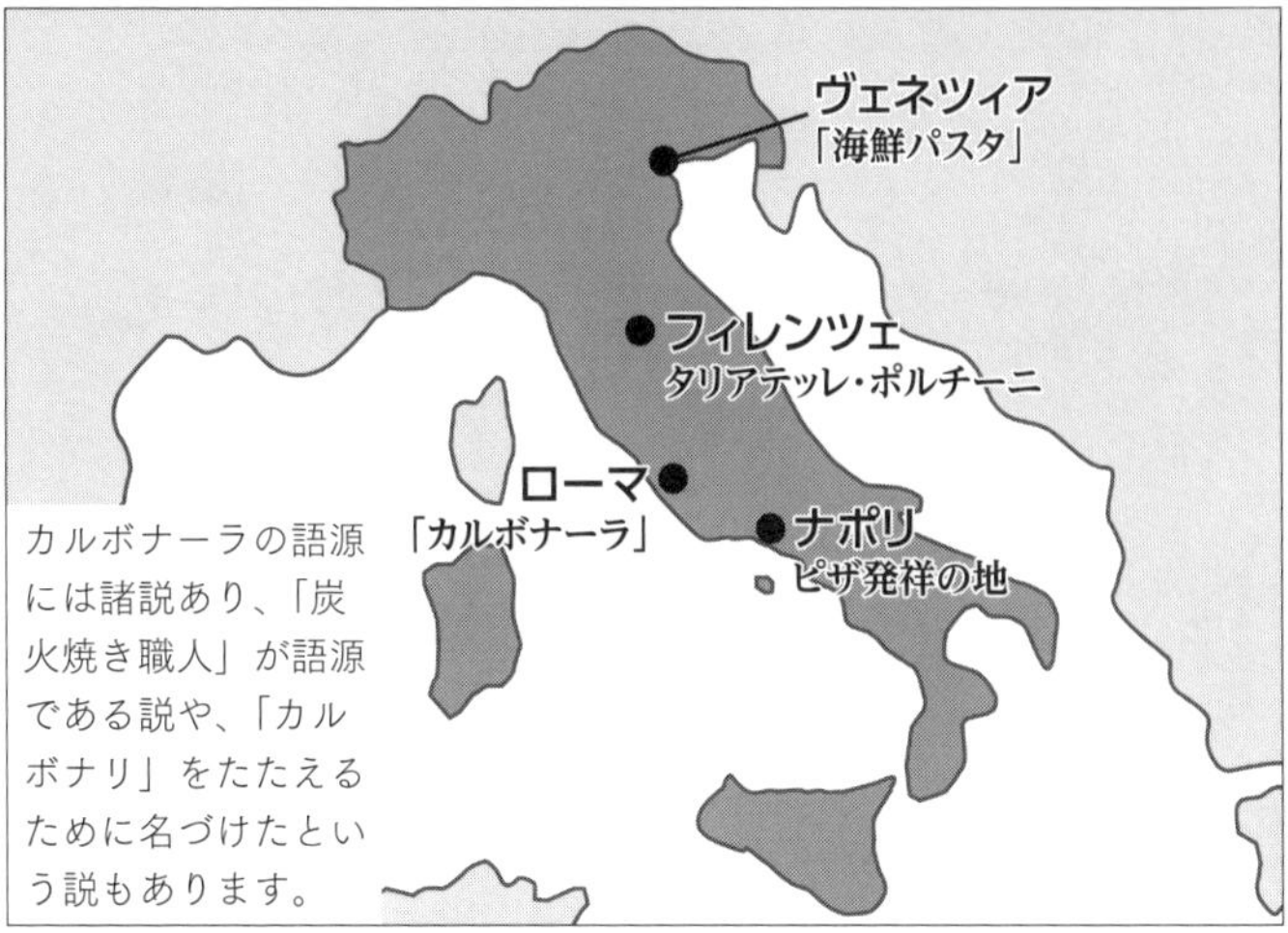

カルボナーラの語源には諸説あり、「炭火焼き職人」が語源である説や、「カルボナリ」をたたえるために名づけたという説もあります。

一方、パスタの定番・カルボナーラはローマで生まれました。ペコリーノチーズがたっぷり入っているカルボナーラは、ロングパスタだけでなく、ペンネなどのショートパスタでも愛されるメニューです。ちなみにカルボナーラに生クリームを使用しません。

フィレンツェで親しまれているのは、地元のポルチーニ茸《たけ》を使用してつくられるパスタ。きしめんのような幅広のパスタ（タリアテッレ）とキノコの相性が抜群です。

海に囲まれているヴェネツィアには、名店トラットリア・アラ・リベッタがあります。

ここの人気メニュー「スパゲッティ・アッラ・スコリエーラ」には、手長エビやイカなどの魚介類がふんだんに使われています。

知れば知るほどおもしろいイタリアの偉人④

名オペラを多数作曲した音楽家

ジャコモ・プッチーニ

Giacomo Puccini

（1858 ～ 1924）

親しみやすいメロディーが人気に

プッチーニはトスカーナ地方のルッカで大聖堂のオルガン弾きを任される名家に生まれました。1880年にはミラノ音楽院に入学し、アントニオ・バッツィーニ、アミルカレ・ポンキエッリらに師事。『4声のミサ曲』（別名：「グローリア・ミサ」）を完成させると、家業である「宗教音楽家」を卒業する決断をします。

1882年、楽譜出版社であるソンゾーニョ社が開催した作曲コンクールのオペラ部門に『妖精《ようせい》ヴィッリ』でエントリー。入賞はなりませんでしたが、2年後に舞台化されると注目を浴び、オペラ作曲家としてデビューを果たします。

その後は口ずさみやすく親しみやすいメロディーを武器に、イタリアを代表するオペラ作曲家としての道を駆《か》け上がり、『ラ・ボエーム』『トスカ』『蝶々《ちょうちょう》夫人』など、後世に残るオペラを数多く作曲しました。

chapter 5

ファシスト党の独裁と終わり

国民をファシストに

１９２５年1月3月の議会演説後、ムッソリーニは独裁体制を築いていきます。ファシスト党を国家機関にすることで国家と党を一体化させ、国王に代わってムッソリーニのもとに諸権限を集中させます。ファシスト党以外は非合法としました。

国民をさまざまな組織に所属させて管理を強める一方で、娯楽の行事を開催し、人々の支持を得ることにも努めました。国民がファシストとして新しい人間になることを求めたのです。

少し話がさかのぼりますが、１８７０年の普仏戦争に敗れたフランスがローマから撤収して、フランスの後《うし》ろ盾《だて》を失ったローマは、イタリア王国に併合されます。これによってイタリア王国と教皇庁の関係は断絶し、ローマ教皇領は一部の宗教施設を除いてすべて失われました。この断絶を「ローマ問題」といいます。

当時のローマ教皇ピウス9世は、みずからを「ヴァチカンの囚人《しゅうじん》」と称して、ローマ市内のヴァチカンに閉じこもります。イタリアと教皇庁の深刻な対立は20世紀に入って

ヴァチカン市国の位置

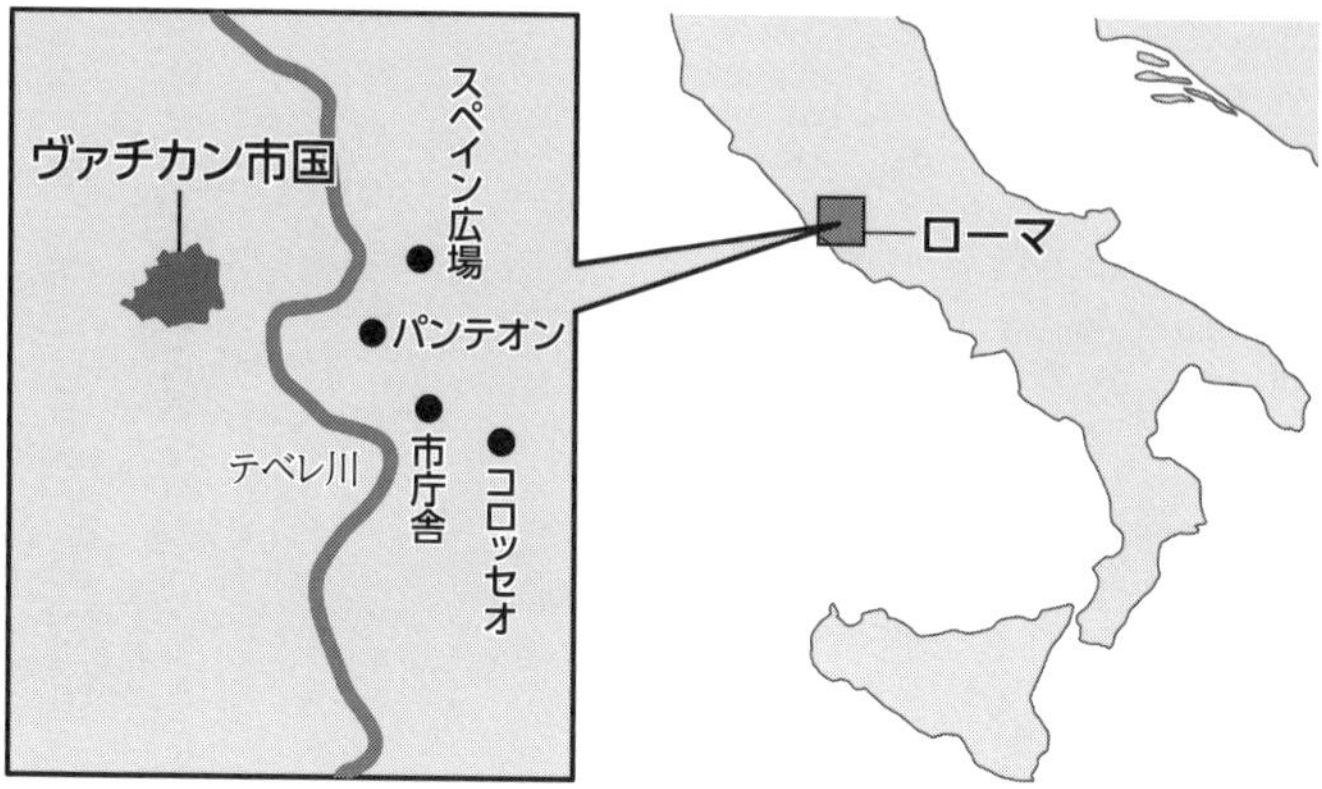

も続いていました。

ムッソリーニは国内のカトリック教徒の支持を得るために、この対立を解消することを望み、イタリア政府とローマ教皇庁は、1929年2月にラテラノ条約を結びます。

ラテラノ条約では、イタリア政府と教皇庁の和解のほかに、補償金《ほしょうきん》を支払うこと、ローマ市内にローマ教皇が主権を持つ「ヴァチカン市国」を建設することなどが決められました。ちなみにラテラノというのは、条約調印の場となった教会のことです。

長年のローマ問題をラテラノ条約が解決したことで、国内外のカトリック信者たちはムッソリーニを支持し、政治的権力の強化につながりました。

幻の1940年オリンピック

ローマ問題の解決によりスポーツにも影響が現れます。1929年、日本では1940年の第12回夏期オリンピック競技大会を東京に招致《しょうち》しようとしていました。1940年は初代とされる神武《じんむ》天皇の即位から2600年という区切りの年だったからです。

一方のローマは、1908年の第4回大会の開催地でしたが、経済の悪化によりその権利を返上していました。そのため、イタリアはなんとしても1940年のローマ開催を実現させたいと考えていました。

このときの開催候補地にはヨーロッパやアメリカ大陸の都市、東京などあわせて10都市が立候補。なかでも、ムッ

そのころ、日本では？

1928（昭和3）年11月、昭和天皇の即位の礼が行われました。大正天皇の崩御《ほうぎょ》と昭和天皇の即位、元号が大正《たいしょう》から昭和に変わったのは1926年12月下旬のことでした。即位の礼は、大正天皇の喪《も》が明けた昭和3年の秋冬の間に実施されました。

ソリーニが開催実現に向けて直接指揮をとっていたローマは有力候補でした。

逆に、気象や地理の条件から、東京は不利だとみられていました。貴族院議員の経験がある実業家、副島道正《そえじまみちまさ》は、東京開催を確実にするためには、ローマに辞退してもらう必要があると考えました。

１９３５年、副島はムッソリーニに直談判《じかだんぱん》し、ムッソリーニはこれを快諾《かいだく》します。イタリアの体育協会は反対しますが、最終的にムッソリーニは国際オリンピック委員会（ＩＯＣ）総会の場で「日本のために」と述べ、ローマの立候補取り下げを表明しました。

ただし、１９４０年大会は戦争で東京も開催地を返上します。その後、ローマでオリンピック開催されるのは１９６０年、東京はその次の１９６４年でした。

ファシズムを広めるために

ラテラノ条約を結んだ直後の住民投票で、ファシスト政権は98パーセントを超える圧倒的な支持を得ました。ムッソリーニはファシズムを国民に行きわたらせるために、イタリアの伝統をいろいろと宣伝しますが、とりわけ古代ローマの栄光をよみがえらそうとします。

ファシストのシンボルは古代ローマで用いられた棒《ぼう》と斧《おの》をたばねた権威の象徴であるファスケス（１３５ページで説明したファッシの語源）です。また、古代ローマにならい、腕をななめ上にまっすぐに伸ばした敬礼《けいれい》が取り入れられました。

ローマ進軍から10周年には記念行事として、ローマでファシスト革命展が開かれます。芸術家や建築家を総動員して、ファシズムの輝ける歴史を芸術作品を通して宣伝する展覧会でした。

恐慌からエチオピア進攻へ

ラテラノ条約が結ばれた1929年の秋、世界的な大事件が起こりました。ウォール街の大暴落による世界恐慌《きょうこう》です。

恐慌はイタリアにも波及し、企業を倒産から救うために経済と金融の分野で改革が行われ、公私を融合した経済構造がつくられていきます。この公営と民営の混合経済体制は、第二次世界大戦後にイタリア共和国となったあとも継承されます。

ムッソリーニの対外政策で最大の事件は、1935年10月のエチオピア侵略でした。クリスピの時代にアドワの戦い（123ページ）で敗れた屈辱をぬぐいさる機会でもありました。

そのころ、日本では？

1936（昭和11）年2月26日、陸軍の青年将校が大臣や新聞社などを襲撃しました。軍内部の主導権争いであり、天皇の親政をめざしたクーデターで、大蔵大臣の高橋是清《たかはしこれきよ》など4名と警察官5名が死亡。この二・二六事件をきっかけに、軍部の政治的な発言力が高まることになります。

エチオピア侵略は、国際社会から批判を浴びました。国際連盟（第一次世界大戦後の１９２０年に設立された、平和を保つための世界的な組織）は、イタリアに対して経済制裁を実行します。しかし、石油など軍事に重要な品目はその対象にならず、制裁といっても実効力の薄《うす》いものでした。このことは、国際連盟の無力さを広く知らしめることになりました。

イタリアは、１９３６年にはエチオピアの首都アディスアベバを占領して、イタリア領エチオピア帝国を樹立します。この戦争でイタリア軍は毒ガスを使用したものの、それを否定しつづけ、侵略から60年を経た１９９０年代になってようやく認めます。

スペインの内戦にも介入

エチオピア戦争で勝利すると、今度は左派勢力の人民戦線政府と右派勢力の反乱軍が争うスペイン内戦に介入します。１９３６年7月、イタリアはドイツとともに反乱軍のフランコ側に援軍を送りました。

一方、人民戦線側にもイタリア人が義勇兵として参加しており、イタリア人どうしが

ヨーロッパ諸国によるアフリカ分割

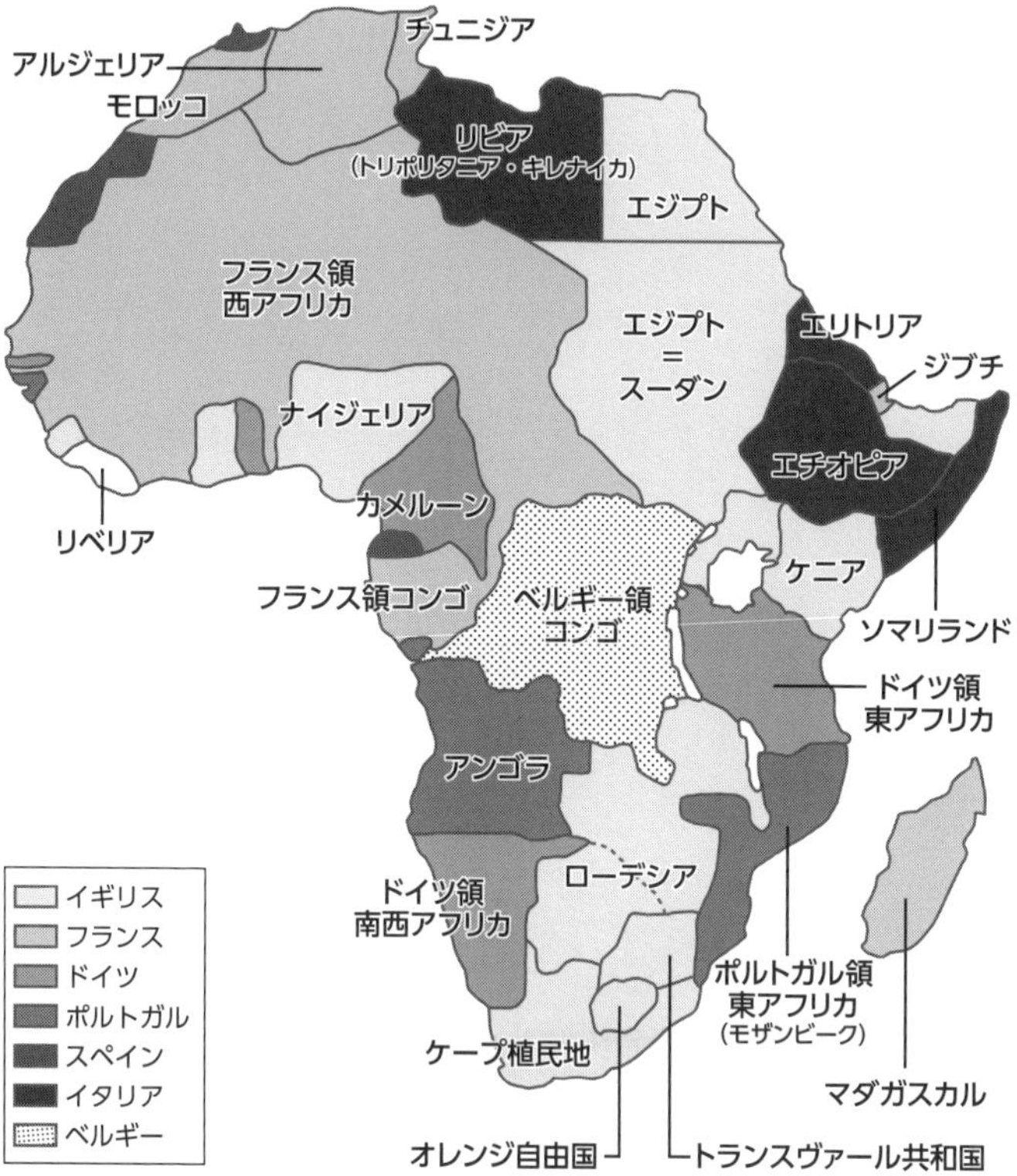

チュニジア
アルジェリア
モロッコ
リビア
（トリポリタニア・キレナイカ）
エジプト
フランス領
西アフリカ
エジプト
＝
スーダン
エリトリア
ジブチ
ナイジェリア
エチオピア
カメルーン
リベリア
ケニア
フランス領コンゴ
ベルギー領
コンゴ
ソマリランド
ドイツ領
東アフリカ
アンゴラ
ローデシア
ドイツ領
南西アフリカ
ポルトガル領
東アフリカ
（モザンビーク）
ケープ植民地
マダガスカル
オレンジ自由国
トランスヴァール共和国
イギリス
フランス
ドイツ
ポルトガル
スペイン
イタリア
ベルギー

スペインで戦うことになります。

人民戦線側には義勇兵として、アメリカ人のヘミングウェイやイギリスのジョージ・オーウェルといった作家たちも参加していました。ちなみに、日本生まれのジャック白井という人物も参加しており、1937年7月に戦死しています。

スペイン内の人民戦線政府と反乱軍の内戦は、国際的なファシズムと反ファシズムの争いになりますが、最終的にフランコ側が1939年にスペインの首都マドリードを陥落《かんらく》させ、勝利します。

このスペイン内戦でイタリアとドイツの結びつきが強まり、ムッソリーニは「ベルリン・ローマ枢《すう》軸《じく》」という表現でドイツとの協調関係をアピールしました。

防共協定成立までの流れ

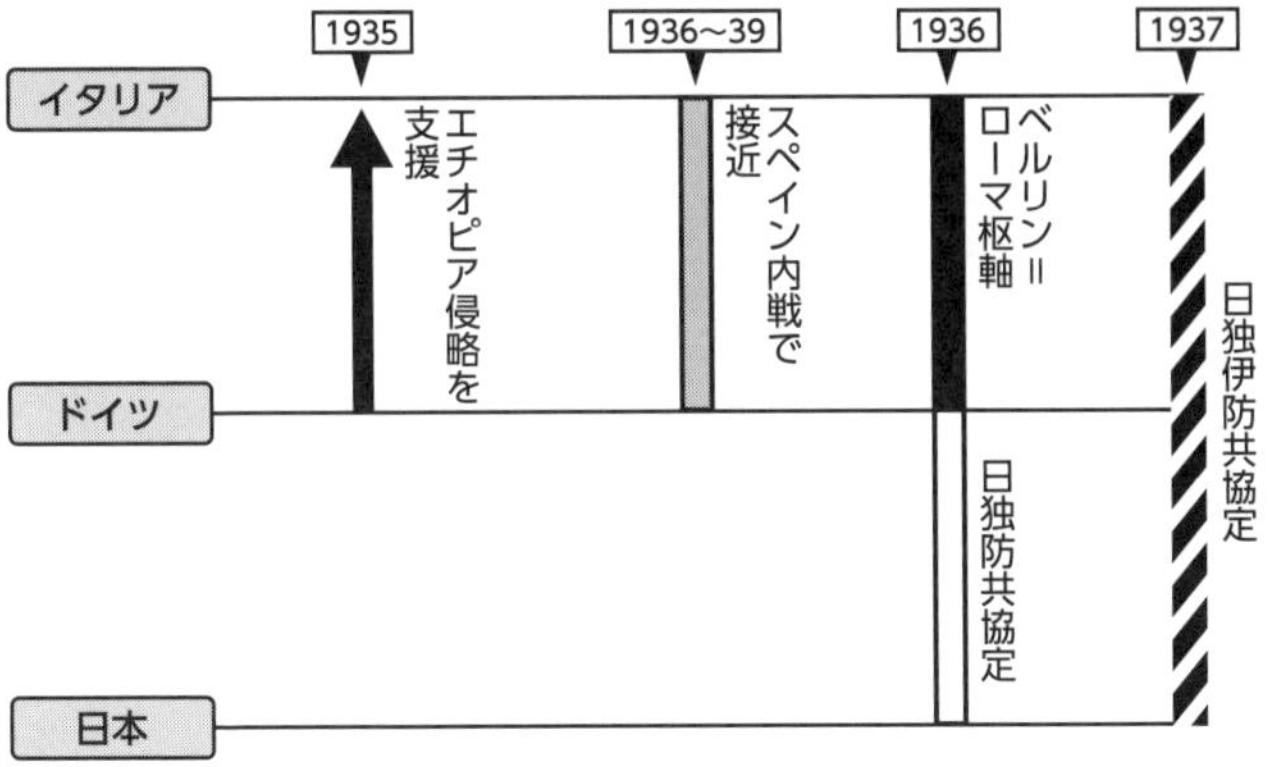

日独伊防共協定

ドイツは、1936年に日本と防共協定を結んでいました。「防共」とは、ソ連などの共産主義の勢力拡大を防ぐという意味です。

翌年11月、この協定にイタリアが加わり、日独伊防共協定が成立します。そして12月、イタリアは国際連盟を脱退《だったい》します。日本、ドイツはこのときすでに脱退していました。

日本は1932年、自国の傀儡《かいらい》国家として満州国《まんしゅうこく》を建国していました。しかし、国際連盟の総会で満州事変を日本の侵略行為としたリットン調査団の報告が承認されたことに抗議して脱退したのです。

一方のドイツは、パリ講和会議で領土を削《けず》られ、軍備も制限されていました。ヒトラーは、敗戦国が制裁を受けることに対する不満を主張し続けました。そして1933年の10月、国際連盟を脱退しました。

国際社会から孤立したイタリア、日本、ドイツの3国はつながりを深めていきます。

この3国を中心とした国家の協力体制を、枢軸国《すうじくこく》といいます。このあと、ハンガリー、ルーマニア、ブルガリア、フィンランドなども枢軸国に加わっています。

枢軸国 vs 連合国

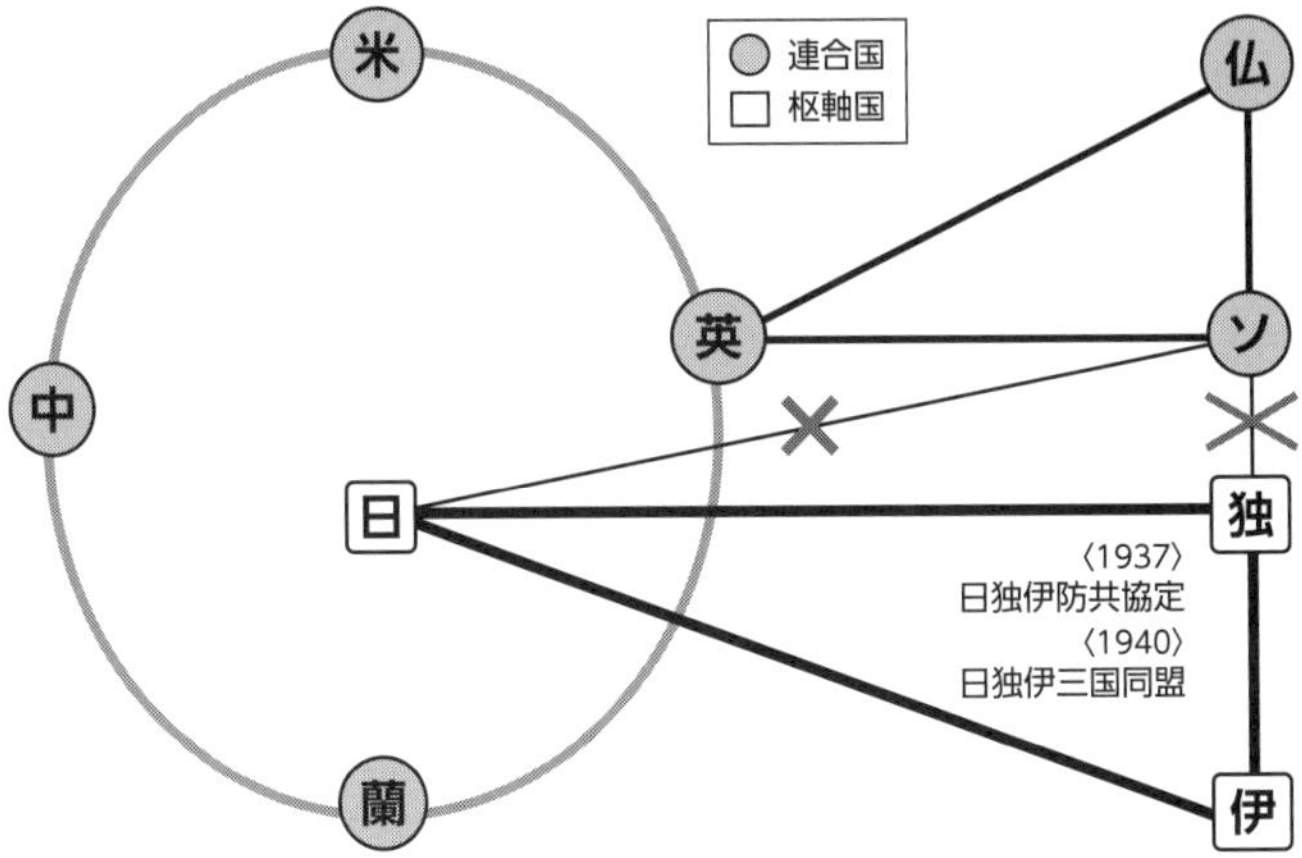

アルバニアも併合

スペイン内戦のあと、ムッソリーニはバルカン半島南西部のアルバニアを併合すべく動きます。

アルバニアは第一次世界大戦後に一時的に共和制となるなど、不安定な状態にありました。

ドイツがオーストリア共和国を併合し、また多民族国家のチェコスロバキアを併合するなどの動きをみたムッソリーニは、アルバニアに攻め入る機会として利用します。イタリアは１９３９年４月、アルバニアに攻め入り、短時日の戦闘でアルバニアを降伏させ、併合しました。

その翌月、イタリアはドイツと鉄鋼同盟を結びます。この同盟の正式名称は、「ドイツ・イタリア間の友情と同盟に関する協約」で、おたがいに協力し、団結をさらに強めるという事実上の軍事同盟でもありました。

弱っているのに参戦

アルバニア併合から半年も経たない1939年9月、ドイツがポーランドへ進攻したことをきっかけに、第二次世界大戦が始まりました。

ところが開戦時、ムッソリーニは非交戦国宣言をして、静観しました。イタリアはエチオピア戦争、スペイン内戦、アルバニア併合などの影響もあり、参戦するための軍事力が整っていなかったのです。航空母艦《こうくうぼかん》や戦車は不足しており、兵士の訓練も十分ではありませんでした。

しかし、1940年6月10日、イタリアはイギリスとフランスに宣戦布告し、この数日後にフランスへの進軍を開始しました。ムッソリーニはドイツがフランスに勝つと判断し、便乗しようとしたのです。

さらに同年9月、イタリア領リビアから隣国のエジプトに侵入し、10月にはギリシャに進攻しますが、どちらも反撃されました。イタリアの軍事力の弱さが露呈《ろてい》されます。

この間、1940年9月に日本、ドイツ、イタリアの3国の間で、日独伊三国同盟が結ばれました。これは、日独伊防共協定をさらに発展させた軍事同盟です。

劣勢へかたむく

エジプト戦線では、イタリア軍支援のため、ドイツのロンメル将軍が派遣されてきます。

1941年春には、ギリシャのマタパン岬沖海戦でイギリスとオーストラリアの海軍と戦い、イタリア海軍は大打撃を受けました。

そのころ、日本では?

日本はアメリカと関係改善に向け交渉していましたが、中国・インドシナからの日本軍撤退、満州国の否認などを求められ、交渉は決裂。1941（昭和16）年12月8日、日本はハワイの真珠湾を攻撃し、翌年には、アメリカ軍が日本の本土に初めて空襲を行いました。

東アフリカではイギリス軍や現地のゲリラ隊に苦戦し、結局エチオピアなどの植民地を失います。

さらに、この年に始まったドイツとソ連の戦争ではイタリアも派兵し、多くの兵士が命を落としました。

ドイツとイタリアは、エジプトのエル・アラメインの戦いで連合国軍のイギリスとの激戦のすえ、敗れました。結局、北アフリカ戦線でも枢軸国は壊滅《かいめつ》状態となり、イタリアは植民地のリビアも失います。

報告に行ったら逮捕

アメリカ、イギリスなどの連合国軍がシチリ

ア島に上陸したのは、1943年7月10日のことでした。

すでに国内は連合国軍の空爆を受け、国民は戦争による重税と食料不足に苦しんでいました。そのため反ファシズム、反戦の抵抗運動（レジスタンス）が増えていき、政権内部からも戦争政策やムッソリーニを批判する声が強まります。

連合国軍のシチリア島上陸から約2週間後の7月24日にはファシズム大評議会が開かれ、ムッソリーニの持つ全権を国王ヴィットーリオ・エマヌエーレ3世に返上することが可決されます。ファシスト党内でのクーデターともいえる事件でした。翌日、この件の報告のために国王のもとを訪れたムッソリーニはその場で逮捕され、イタリア中部にあるグラン・サッソという山に監禁されます。

ドイツとのいざこざ

ムッソリーニの後任として国王から首相に任命されたのは、元帥《げんすい》ピエトロ・バドリオでした。バドリオはアドワの戦い、イタリア・トルコ戦争、エチオピア戦争などに参加した軍歴をもち、このときすでに72歳でした。

1922年にムッソリーニのローマ進軍に反対してブラジル大使に左遷《させん》されますが、その後は元帥に昇進し、リビア総督《そうとく》、1935年のエチオピア戦争では総司令官などを務めました。バドリオは、戦争の継続を宣言しますが、連合国側とひそかに休戦交渉を始めていました。

1943年9月3日、連合国側との休戦協定が結ばれ、8日には無条件降伏《こうふく》という協定の内容が発表されます。9日、国王とバドリオはドイツ軍の報復を恐れて、ローマから脱出し、連合国軍の占領地域である南イタリアのブリンディジに逃走。国王と首相が何の指示も与えずローマから逃亡したことで、軍隊の指揮系列が解体し、国内は混乱します。

ドイツは、この間にイタリアを支配下に置こうとして進出し、9月10日にローマを占領。その結果、イタリアは南

そのころ、日本では？

1942（昭和17）年の6月5日から7日にかけて、日本海軍はハワイ諸島北西にあるミッドウェー沖でアメリカ海軍と大規模な戦闘をくり広げました。日本艦隊はこれに敗北し、航空母艦4隻《せき》、兵員3500人、飛行機をすべて失います。この戦闘以降、太平洋戦争の主導権はアメリカに移りました。

部が連合国軍、北部（ローマより北のミラノ、フィレンツェなど）はドイツ軍に占領されることになりました。

幽閉《ゆうへい》されていたムッソリーニはドイツ軍に救出され、ドイツの保護のもとでイタリア北部にイタリア社会共和国（サロ共和国）を設立し、政権を復活させます。事実上ドイツの傀儡政権でした。

この翌月、バドリオ政権が日独伊三国同盟を破棄して、ドイツに宣戦布告します。ただし、アメリカとイギリスはイタリアを連合国と認めず、共同参戦国というあつかいにしました。

1943年9月9日、連合国軍はナポリ近くのサレルノに上陸し、北上しながらドイツの占領する北部を攻めていきました。

そして翌年の6月4日、連合国軍はローマの解放に成功します。ローマ解放の機会に、首相は軍人のパドリオから労働民主党のイヴァノエ・ボノーミとなります。これにより、20年ぶりに、政党内閣が復活したわけです。

打倒ファシズム！

休戦協定の公表と政府のローマからの逃亡直後の1943年9月9日、ドイツ軍への抵抗とイタリア再建を目指す「国民解放委員会」がつくられていました。

国民解放委員会を構成したのは、ファシズムに反対する6政党（自由党、キリスト教民主党、プロレタリア統一社会党、共産党、行動党、労働民主党）でした。

ボノーミはローマの国民解放委員会の委員長で、ボノーミの内閣はこれら6政党からなる連立内閣でした。

各政党の主張はそれぞれ異なっていま

したが、反ファシズムという共通の目的でファシズムに対する統一的な抵抗組織を結成したのです。

　解放委員会の指導のもとで、ドイツ占領軍とファシズム勢力に対する抵抗運動が盛んになり、一般市民の間にも広がります。その一部は、非正規の軍事行動をとる「パルチザン」になりました。

　パルチザンは反ファシズムの活動家や元兵士などで構成され、武装して主にイタリア北部の都市部、山間部や森林でゲリラ的に活動していました。はじめはそれぞれ独自に活動していましたが、しだいに連携、統一化されていきます。

　連合国軍は、パルチザンを正規の軍事力としてあつかわなかったのですが、パルチザンの活動はドイツ軍の作戦を妨害することで、重要な役割を果たしました。国民

そのころ、日本では？

1945（昭和20）年3月10日未明、米軍のＢ29爆撃機が東京の下町を中心に、上空から33万発もの焼夷弾《しょういだん》を投下した東京大空襲が起こります。犠牲者は10万人以上ともいわれ、100万人が家を失いました。このあとアメリカ軍は、名古屋、大阪、神戸などが大規模な空襲を行いました。

解放委員会は連合国軍の到着前に自分たちで主要都市を解放していくことをめざし、困難な活動を続けました。

そして1945年4月25日、パルチザンはいっせいに蜂起して、ついに北部のすべての主要都市をドイツ軍とファシストから解放します。自分たちの力で国土解放に成功したことは、国民の意識に強く刻《きざ》みつけられました。現在、この4月25日はイタリアの解放記念日として、国民の祝日となっています。

最後は、逆さづりに

イタリア中央部のアペニン山脈に位置するグラン・サッソ山中に幽閉されていたムッソリーニが、ヒトラーの特命を受けたドイツ空軍によって救出され、新政権を樹立したことは前に説明しました。

4月25日、パルチザンの蜂起に直面したムッソリーニは、撤退するドイツ兵にまぎれてスイスへの逃亡を試《こころ》みました。しかし、4月27日、イタリア北部のコモ湖畔《こはん》でパルチザンに見つかり、捕《と》らえられます。

そして4月28日、愛人のクラレッタ・ペタッチらとともに処刑（銃殺）されました。翌日、遺体はミラノのロレート広場に運ばれ、放置されます。この広場はかつてパルチザンが公開処刑された場所でした。

広場に押し寄せてきた人々は、ムッソリーニの遺体《いたい》を殴《なぐ》る、蹴《け》るなどしたのち、愛人らの遺体とともに、見せしめとして広場のガソリンスタンドに逆《さか》さづりにしました。

ひみつコラム

イタリアのスポーツ、大衆娯楽

かつてのサッカーは危険だった！

イタリア人はサッカーが大好きです。日本でもおなじみのロベルト・バッジョやアレッサンドロ・デル・ピエロ、フランチェスコ・トッティなど、独創的なファンタジスタが次々に登場しました。イタリア国民は時代を問わず、サッカーに熱狂《ねっきょう》しています。

それもそのはず。１８６３年にイングランドで近代サッカーが生まれるはるか前から、イタリア人は「カルチョ・ストリーコ」という、サッカーに似た球技を楽しんでいたのです。カルチョ・ストリーコの発祥は中世。1チーム27人で行われ、試合時間は50分。相手のゴールにボールを入れると得点できる部分はサッカーと同じですが、試合中は相手を殴っても蹴っても頭突《ずつ》きをしてもＯＫという過激なルールでした。

イタリア人がサッカーに熱狂的な理由は、カルチョ・ストリーコに明け暮れた中世の人々の影響かもしれません。

イタリア代表のワールドカップにおける記録

出場回数	18回（世界3位）
優勝回数	4回（世界2位）
連続優勝回数	2回（世界1位）
連続無失点	5回（世界1位）
連続無敗記録	12試合（世界2位）

映画も、イタリアの大切な娯楽のひとつです。イタリア映画は20世紀初頭、ローマのチネス社、トリノのアレッサンドラ・アンブロシオ社とイタラ・フィルム社を中心につくられ始めました。この3社は立ち上げ直後から良質な歴史映画を量産します。早い時期から海外販売も開始し、イタリア映画の素晴らしさを世界に知らしめました。

１９８０年代には、アメリカ映画の市場支配によってイタリア映画は衰退します。その影響で、１９３０年代につくられた大規模な映画撮影所「チネチッタ」は破産の危機を迎えますが、国営化によって危機を脱しました。現在は映画撮影に使用される機会こそ減ったものの、大切に残されています。

知れば知るほどおもしろいイタリアの偉人⑤

しくじりを経て名監督へ

ルキノ・ヴィスコンティ

Luchino Visconti

（1906 ～ 1976）

イタリア・ネオリアリズムの先駆けとなった

貴族ヴィスコンティ家一族の家系に生まれたルキノ・ヴィスコンティ。1926 ～ 1928年を軍隊ですごしたのち、舞台俳優兼セットデザイナーとして映画の世界で働き始めます。1936年にはファッションデザイナーのココ・シャネルの紹介で、フランスの映画監督ジャン・ルノワールの映画製作にアシスタントとして関わるようになりました。

転機は1942年。ジェームズ・M・ケインの犯罪小説『郵便配達は二度ベルを鳴らす』を映画化し、大絶賛されますが、ほどなく原作の使用許可を得ていなかったことが発覚し、上映禁止になります。しかし映像の腕は確かで、1948年に『揺れる大地』で復帰するとヴェネツィア国際映画祭で国際賞を受賞。その後も快進撃は続き、『山猫』ではカンヌ国際映画祭大賞、『熊座の淡《あわ》き星影』ではヴェネツィア国際映画祭グランプリを受賞しました。

chapter 6

共和国となり現代へ

保留していた大問題

ファシズム体制が崩壊したイタリアは、政治、外交、経済などあらゆる面で国家を立て直す必要がありました。

ファシズム体制を否定して、民主主義の再建を主導したのは政党政治です。キリスト教民主党を中心とした中道右派と、共産党・社会党を中心とした左派の2大勢力が存在していました。

かつてファシスト体制に協力した国王のヴィットーリオ・エマヌエーレ3世は、国民の支持を失っていました。そして1946年5月に退位し、息子のウンベルト2世が王位を継ぎました。

じつは、イタリアの北部や中部でレジスタンス運動が激しくなってきたころ、戦後に君主政を続けるか、共和政に転換するかという問題提起がありました。しかし、それぞれに異なる考えを持つ反ファシズム勢力は、戦争中に問題を保留していたのです。

君主政を続けるのか、共和政にするのかは、国民投票で決めることになります。

1946年6月2日に実施された国民投票の結果は、共和政支持が約1271万票、君主政支持が約1071万票。200万票の差で、君主政の廃止と共和政への移行が決まりました。これにより現在の「イタリア共和国」が成立します。のちにこの日は共和国記念日とされました。

共和政を支持したのは、レジスタンス運動が活発な北部の国民でした。一方、ローマや南部の国民は君主政を支持します。南部は政治面で保守的でした。

投票の結果、ウンベルト2世は即位後わずか1カ月で退位して、ポルトガルに亡命しました。

共和国のスタート

国民投票と同時に実施された憲法制定議会の選挙で、キリスト教民主党が第1党となり、第2党の社会党、第3党の共産党と連立政権を組織します。首相はキリスト教民主党のデ・ガスペリでした。

レジスタンスで重要な役割を果たした共産党は労働運動や農民運動に力を注いで支持

を伸ばしており、社会党は自由主義陣営との協調をはかる改良派と、共産党との連携を探る左派に分かれていました。カトリック教会も政治介入《かいにゅう》して、キリスト教民主党を後押しします。

議会で憲法制定の作業が始まりますが、各党の主張が対立し、妥協の連続でしたが、ファシズムを一掃するという点では一致していました。1年半の審議《しんぎ》を経て、1947年12月に議会で共和国憲法が成立し、翌年1月1日から施行されました。

イタリア共和国憲法は、「労働に基礎《きそ》を置く民主的共和国」を基本原則とする内容でした。憲法には地方分権化をめざす20の州制度の導入が盛り込まれましたが、州制度が導入されたのはシチリアやサルデーニャなど4つの特別自治州（1963年に1州増加）だけで、本格的な導入は1970年にまで持ちこされました。

また、法律が憲法に反していないかどうかを審査する憲法裁判所の設置が決められましたが、これが実際に設置されるのも1956年です。

制憲議会は憲法を制定するだけで、個々の法律の制定はしませんでした。そのため、ファシズム時代の民法や刑法が効力をもったままという状態が、1956年まで続くことになりました。

デ・ガスペリの政治

第二次世界大戦後、世界はアメリカを中心とした自由主義・資本主義を掲げる西側陣営（アメリカや西ヨーロッパ諸国など）と、ソ連を中心とした社会主義的な東側陣営（ソ連と東ヨーロッパ諸国が中心）に分かれて対立しました。東西冷戦と呼ばれます。

西側のイタリアはアメリカと接近していき、1947年1月、デ・ガスペリが訪米して経済援助をとりつけます。アメリカからは、連立政権から社会党や共産党を排除《はいじょ》することを強く求められました。

冷戦期のイタリアでは、左右両派のはげしい対立があり、デモや抗議活動をくり広げる労働者や農民に対して、政府は武力鎮圧で応じます。

憲法制定後、最初の総選挙は1948年4月に行われました。選挙では、キリスト教民主党が多数を占め、中道勢力の自由党や共和党と連立内閣を形成しました。これによって、キリスト教民主党の長期支配が始まります。

社会党、共産党との連立政権を解消して中道政治に方針転換したデ・ガスペリは、1945年から1953年まで8期連続で首相を務め、「デ・ガスペリ時代」と呼ばれる中道政治の時代を築きます。

マーシャル・プランのおかげで

第二次世界大戦後のイタリアでは、経済混乱のなかでインフレなどが起こりました。デ・ガスペリ内閣はインフレを抑えるために、副首相兼予算大臣のルイージ・エイナウディによる引き締め政策を取り入れ、物価の上昇を抑えました。

エイナウディが初代大統領になったあと、国庫相を引き継いだジュゼッペ・ペッラが引き締め政策を継承して、アメリカのマーシャル・プランを受け入れます。マーシャル・プランとは、アメリカのトルーマン大統領の政権下で、ジョージ・マーシャル国務長官が発表したヨーロッパ経済復興援助計画のことです。

この計画は、第二次世界大戦後に経済破綻《はたん》したヨーロッパ各国の復興を助けることにより、ソ連を中心とする共産主義勢力がヨーロッパで拡大するのを防ぐことをめざしていました。

トルーマンは、ソ連に対して政治・軍事・経済の拡大を食い止める「封《ふう》じ込め政策」をとり、マーシャル・プランはそのための重要な政策でした。

１９４８年から１９５０年にかけて、アメリカが実施したマーシャル・プランは、イタリアの戦後の経済復興《ふっこう》に大きな役割を果たしました。

１９５０年代後半から60年代前半のイタリアは、「奇跡の経済」と呼ばれる成長期を迎えます。１９５８〜１９６３年にかけての年間経済成長率は、平均６・３％に達しています。

製鉄所の建設や天然ガス・石油の開発などの政策を通じて、イタリア経済は発展していきました。これには、産業復興公社（ＩＲＩ）や炭化水素公社（ＥＮＩ）などの、国の出資により設立された公共企業体が大きな役割をはたしました。

ただし、工業化したのはミラノ、トリノ、ジェノヴァの北部にある三大都市を結ぶ三角工業地帯が中心でした。南部は工業化から取り残され、南部から北部へ労働力の大移動が始まります。このため、南北の格差は解決されずに残されたままでした。

奇跡の経済は、南部からの安い労働力が支えたという面があります。経済成長の裏《うら》には、さまざまな矛盾がひそんでいたのです。

テロに明け暮れる日々

1968年、政府による大学の改革案をきっかけに、これに反対する学生の闘争心が高まり、大学占拠が起こりました。

それに加えて、労働者による大規模なストライキや工場占拠、デモといった激しい抗議活動が展開され、翌年の秋にかけてこの状況が続いて、「熱い秋」と呼ばれました。

ほかにも、離婚の合法化など女性解放運動も活発になり、社会生活における自由と改革を求める気運が高まります。

しかし、このような運動の盛り上がりへの反発から過激な

そのころ、日本では？

1954年ごろから日本は高度経済成長期に入ります。エネルギー資源が石炭から石油に転換されたことや、池田勇人《はやと》内閣による「所得倍増計画」によって、日本の経済成長率は年平均で10パーセントを超えました。国民の生活は豊かになりましたが、水俣病などの公害を引き起こします。

事件も引き起こされました。

1969年12月12日、ミラノのフォンターナ広場に面した全国農業銀行が右翼《うよく》団体の構成員により爆破されて17人が死亡、多くのけが人が出る事件が発生します。

この爆破事件以降、極左《きょくさ》組織と極《きょく》右《う》組織双方によるテロリズムが相次いで発生します。いわゆる「鉛《なまり》の時代」の幕《まく》開けとなりました。

1974年5月にブレッシャでの労働者の集会中に起きたデッラ・ロッジャ広場爆破事件、1980年8月のボローニャ駅爆破事件（85人死

亡、200人以上が負傷《ふしょう》）などが極右団体によって引き起こされました。

離婚は是か否か

鉛の時代の背景には、政治と経済の変動があります。

60年代なかばにキリスト教民主党と社会党が組んで成立した中道左派政権のもとで、憲法で定めてあった州制度と国民投票の制度が1970年に実現します。その後の州議会選挙で、中部イタリアにある「赤いベルト地帯」と呼ばれる3つの州で、共産党による州政府が成立しました。

また「離婚法」、つまり離婚を認める法律が議会で成立します。与党だったキリスト教民主党は、宗教上の理由でこの法律に反対でした。そこで、キリスト教民主党は離婚法が是か否かを国民投票によって決めようとします。

そのころ、日本では？

イタリアで学生運動が盛んだったころ、日本でも全国のいたるところで学生運動が起こっていました。また、イタリアでテロ事件が多発していたころには、極左団体である連合赤軍が、あさま山荘《さんそう》事件などのテロを引き起こしていました。

しかし、離婚法を支持する票は過半数を超え、キリスト教民主党は敗れます。このことは社会生活において、カトリック的な価値観が弱まったことを表すものでした。

70年代の議会選挙では、共産党が議席を伸ばしていきます。また75年の州選挙では、共産党が主導する州政府の数が6に増え、トリノやミラノ、ナポリ、ローマなどの大都市でも市長のポストを獲得しました。

一方、1970年代は経済が悪化していました。財政赤字が進み、インフレが進行しました。1973年に起こった、オイルショックという原油価格の高騰《こうとう》による世界的な経済危機の影響で、物価が急上昇します。不況による失業者は増加し、青年層の就職難も深刻化しました。

過激！　赤い旅団

極右組織のテロが実行される一方で、極左組織「赤い旅団《りょだん》」によるテロ活動も多く発生しました。政治家、ジャーナリスト、警察官、実業家など多くの人を襲撃、誘拐、殺害するなど、過激なテロ行動をくり返したのです。

赤い旅団による最大の事件は、元首相アルド・モーロの誘拐・暗殺です。

キリスト教民主党の大幹部あるモーロは、1978年3月16日、ローマ市内の自宅から車で議会に向かう途中で赤い旅団に誘拐されました。

赤い旅団はとらえられていた仲間の釈放《しゃくほう》との交換を要求しましたが、ジュリオ・アンドレオッティ率いる内閣はこの要求をはねつけます。モーロは5月9日、ローマ中心部に放置された車から遺体となって発見されました。

アンドレオッティ政権は、不況とテロ対策のため、共産党も含めた国民の連帯を掲げる内閣でした。モーロは政権に共産党を復活させようとしており、それを防ぎたいアメリカの中央情報局（CIA）が、アンドレオッティに圧力をかけたといわれています。モーロの誘拐・殺害で共産党との協調の試みはつまずき、国民の連帯は挫折《ざせつ》しました。

あの人もP2だった

1981年、秘密結社フリーメーソン「ロッジP2」の代表ジェッリの家が捜索《そうさく》されます。そこで、P2のメンバー962人のリストが発見され、政府が発表しました。

P2は、フリーメーソンの支部で、反共産主義を掲げていました。ただ、武器の密売や政治犯の逃亡を手助けするなどの違反行為を行っていたために、1976年にフリーメーソンの認証を取り消されていました。

発見されたリストのなかには、最後の国王ウンベルト2世の長男で、イタリアの元皇太子のヴィットーリオ・エマヌエーレ・ディ・サヴォイア、のちに首相となるベルルスコーニ（189ページ）らのほか、現役の大臣や国会議員、首相経験者、軍部の将校、高級官僚、司法関係者、ジャーナリスト、実業家、大学教授などの名前がありました。政財界の大物たちがP2のメンバーだったのです。

P2事件で当時のアルナルド・フォルラーニ内閣は退陣。その後、共和党のジョヴァンニ・スパドリーニが連立内閣の首相を務めます。イタリア共和国の成立後、キリスト教

そのころ、日本では？

1978（昭和53）年8月12日、北京で、日本と中華人民共和国の間で日中平和友好条約が結ばれます。両国を含むあらゆる国の覇権《はけん》に反対する「覇権条項」の内容をめぐって交渉が難航しました。その他には、主権・領土の相互尊重、相互不可侵、相互内政不干渉などが記述されています。

民主党以外の党から首相になったのはスパドリーニが初めてでした。

1983年8月には、社会党のベッティーノ・クラクシが首相になり、1987年3月まで2度にわたり内閣を率いています。クラクシは、社会党出身者として初めての首相で、さまざまな改革に着手します。まず1929年に、当時のムッソリーニ政権が結んだラテラノ条約を見直し、教皇庁との間に新しく「コンコルダート」と呼ばれる宗教協約を結びました。これは国と教会のそれぞれの自由の尊重《そんちょう》を確認するものです。

経済面では、「スカラ・モービレ」と呼ばれる、物価にあわせて賃金が上がる物価スライド制の改訂《かいてい》がありました。この改訂で賃上げが抑制されることになる労働者は、強い反対運動を起こします。さらに、財政改革による課税の強化などでインフレを抑え込みました。このため、イタリアの経済成長率は回復しますが、財政支出が増大して国家財政は悪化します。

イタリアでは伝統的に、血縁や有力者、友人などのつながりに頼《たよ》って官庁の職員などを採用する、「クリエンテリズモ（縁故主義《えんこしゅぎ》）」という慣習が続いていました。

キリスト教民主党は縁故主義によって統治システムをつくり、政治に圧力をかける利益集団を形成し、長期の支配を続けてきました。しかし、これは汚職の原因となりやすいものです。

社会党のクラクシ内閣の政治運営も、このクリエンテリズモを取り入れたものでした。この方法で、キリスト教民主党の実力者アンドレオッティとクラクシは協調して政治を支配していました。

しかし1992年、クラクシの地盤であるミラノで汚職が発覚します。これをきっかけに、全国で汚職の摘発《てきはつ》が始まり、多数の議員、有力経営者が裁判にかけられました。

クラクシ自身にも捜査の手がおよび、結局彼はチュニジアへ亡命して2000年1月、同地で心臓発作によって死去します。

第二の奇跡と社会保障

話を経済にもどすと、「奇跡の経済」は1960年代に終わり、1973年のオイルショックをはさんで経済不況期がおとずれます。

しかし、1970年代以降に発展した中小企業のネットワークのおかげで、1980年代に経済の回復がみられ、「第二の奇跡」といわれました。

第二の奇跡を後押ししたのは、イタリアの北東部のヴェネト、エミリア・ロマーニャから中部にかけてのトスカーナ、ウンブリア、マルケといった地域の中小零細《れいさい》企業による産業地区です。

これらの産業地区では、衣服、靴、家具、食器、ガラス、セラミックスなど特定の業種に集中した生産活動で、良質

そのころ、日本では?

1989(平成元)年4月1日、消費税法によって一般消費税が、3%の税率で導入されました。その後、1997(平成9)年に5%、2014(平成26)年に8%に引き上げられます。2019(令和元)年10月には、10%引き上げと同時に軽減税率が取り入れられました。

イタリア北東部の産業地区

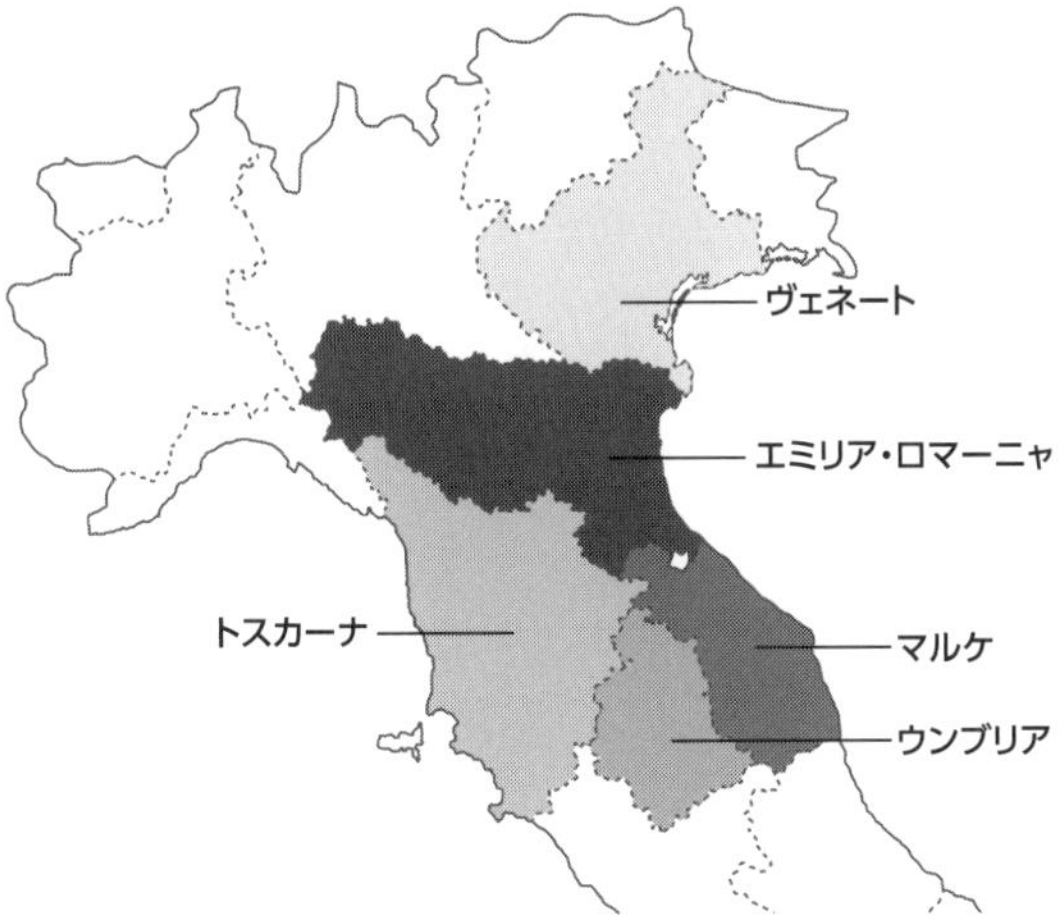

な製品を産出しました。

伝統的な技術を受け継ぎながら、協力して技術革新を続けることで、高い品質の製品を生み出したのです。

コスト削減を実現し、ファッションや家具産業などのデザイン性にすぐれた製品がブランド化し、国際的な評判を勝ち取って、重要な輸出品となりました。

有名なブランドには、デッラ・ヴァッレ家の靴工房が急拡大したトッズ、フィレンツェ発の革製品ショップからスタートしたイルビゾンテ、世界最大手の眼鏡メーカーであるルクソティカなどがあります。

しかし、第二の奇跡後の１９８０年代末ごろから、ふたたび経済危機がおとずれます。

国内総生産（ＧＤＰ）の成長率低下、失業率の悪化に加え、国や政府機関などが抱《かか》える借金が積み重なって財政赤字も悪化していき、90年代の経済危機は深刻になっていきました。

また、北部と南部の経済格差は是正されず、所得の少ない南部の住民には、生活保護をはじめとするさまざまな給付金を支給する政策が実行されました。

給付金などの現金収入のおかげで南部住民の消費力は上がりましたが、正常な経済発展とは程遠いものでした。

１９７８年に導入された「国民保健サービス」制度は、全国民に対して等しく医療・保険サービスを提供するもので、社会保障政策の新たな取り組みを示しています。

そのころ、日本では？

1985（昭和60）年には行きすぎたドル高を抑えるために、日本を含めた主要5カ国においてプラザ合意がなされました。日本政府は国内の消費を増やして経済を活性化しようと、公共投資の拡大や金融緩和政策によって景気拡大をめざした結果、バブル景気がもたらされました。

政党がリニューアル

1980年代末から90年代にかけて、イタリアの政治は変化の時代を迎えます。きっかけは東西冷戦の終結です。国際社会が新たな局面に入ったことで、イタリア国内でも政党の勢力図が変化し始めます。

まず北部では、地域政党が勢力を伸ばしてキリスト教民主党政権をおびやかしました。また、ソ連と東ヨーロッパの変動、それに「ベルリンの壁」の撤廃《てっぱい》などがあって、イタリアでも共産党が1991年に「左翼民主党」となりました。

先にふれたように、1992年にミラノの社会党関係者の汚職が発覚します。捜査はすぐに全国に広がり、政治家、政府高官、企業経営者など多数が裁判にかけられます。第二次世界大戦後に成立したイタリアの共和政システムは、再構築をせまられました。

1993年に選挙法が改正されて、比例代表制にかわり小選挙区制を主とする選挙制度が導入されます。新選挙制度のもとで実施された1994年の総選挙では、汚職に関わった多くの議員が立候補できなくなり、政党の勢力図は一変します。

マフィアの活動

1992年は汚職問題のほかに、司法に対するマフィアの攻撃が注目を集めました。シチリア島を起源とするマフィアは19世紀から勢力を拡大し、その一部は19世紀末～20世紀初めにかけてアメリカに進出しています。アメリカではコーザ・ノストラという犯罪集団や禁酒法時代に酒を密造《みつぞう》したアル・カポネがボスのシカゴ・アウトフィットという組織になっていきます。

1950年から1960年代にかけて、マフィアは農村から都市部に進出し、政治家との関係を深めます。1980年代なかば以降、マフィアを捜査していた捜査官や検事らが次々と殺害されました。マフィアは警察や政府と対立し、一方でマフィアどうしの抗争も激しくなっていきました。

1992年5月、マフィアに対する徹底的な捜査で効果をあげていたジョヴァンニ・ファルコーネ判事が車で移動中、高速道路にしかけられた爆弾により死去しました。

さらに7月、ファルコーネの同僚でマフィア撲滅《ぼくめつ》に成果をあげていた裁判官のパオロ・ボルセリーノが車にしかけられた爆弾で殺害されました。護衛を巻き込んだこれらの爆弾事件は、人々のマフィアに対する怒りをかき立てました。

なお、ふたりの暗殺に関わったマフィア最大のボス、サルヴァトーレ・リイナは1993年に逮捕され、2017年11月に病気で獄死《ごくし》します。

がんばれイタリア

1994年の総選挙は、新政党を含めた多数の政党が乱立します。

戦後ずっと与党だったキリスト教民主党は分裂し、中道路線の多数派が「イタリア人民党」に、少数派の右派が「キリスト教民主センター」に変わります。また南イタリアでは右派の「国民同盟」が結成されました。北イタリアでは、地域主義政党「北部同盟」が進出します。左派は共産党の流れをくむ「左派民主党」が中心となりました。

戦後のイタリアの政治の中心だった政党は姿を消し、新たな体制（第二共和政）へと移行していきました。

このような状況のなか、右派の新勢力として登場したのがシルヴィオ・ベルルスコーニです。有数の資産家、実業家として有名なベルルスコーニは建設業などで事業を拡大しました。主要民放テレビ3局や出版社などの企業グループ「フィニンベスト」を率いて、メディア王と呼ばれます。当時は、強豪サッカーチームのACミランのオーナーでもありました。

ベルルスコーニは、左翼の進出をはばむために政界入りを宣言。1994年1月、右派新党「フォルツァ・イタリア」(がんばれイタリアという意味)という政党を結成して、選挙で勝利します。5月には、北部同盟および国民同盟と連立を組んで第1次内閣を成立させ、あっという間に政界のトップにおどり出ました。

北イタリアの自治拡大を主張する北部同盟と、国家主義的な右翼政党である国民同盟とは、もともと考えが異なっていましたが、ベルルスコーニ率いるフォルツァ・イタリアが仲を取り持つことで連合政権が成立したのです。

しかし、ベルルスコーニは実業家時代の不正疑惑により翌年1月、総辞職せざるを得なくなり、政権を1年保つこともできずに首相を辞任しました。

ちなみに、ベルルスコーニはその後、内閣を3度成立させますが、結局は汚職をはじめさまざまな疑惑やスキャンダルなどが影響して、2013年に政界引退を表明しました。

ただし80歳を超えた2019年には欧州議会議員に当選して、政界復帰をはたしています。

ユーロを導入しよう

1993年11月、ヨーロッパでは、政治・経済の統合体である国際機構、EU（欧州連合）が誕生します。EUの前身であるEC（欧州共同体）発足当初の加盟国は、イタリアを含めて6カ国です。それぞれの国が独立した国

家として存在しながらさまざまな協力体制をとることを目的としていました。

EU圏内は外交、安全保障、経済、通貨、社会の各分野が統合されます。加盟国の大半は、出入国や税関の審査を廃止し、人やモノが自由に移動可能で、単一通貨ユーロを導入しています。

イタリアでは、ベルルスコーニの退陣後、ランベルト・ディーニ内閣を経て1996年5月中旬、大学教授から政界入りしたロマーノ・プローディによる内閣が成立しました。中道左派の諸政党が連合した「オリーヴの木」の内閣です。この名称は、オリーヴの木が平和のシンボルであることに由来します。

1996年春の総選挙は、中道左派の政党連合であるオリーヴの木と、フォルツァ・イタリアと国民同盟らが組んだ中道右派の政党連合、「自由の極《きょく》」との対決でした。

オリーヴの木連合は、左翼民主党、緑の党、人民党などで構成。経済学者で産業復興公社の総裁であるプローディがリーダーとなったのです。選挙協定を結んだ共産主義再建党とあわせて、なんとか過半数を上回る議席を獲得して内閣を組織しました。

プローディが直面した最大の課題は、ヨーロッパの統合通貨「ユーロ」に参加する準備です。ユーロの参加条件として、財政赤字を減らさなければならず、プローディは経済改革に取り組みました。

増税や支出削減は反発を受けたものの、なんとか1997年の財政赤字を国内総生産（GDP）の3％以内におさめ、イタリアはユーロ導入の第1陣参加国として承認されました。

しかし、このあと共産主義再建党が内閣への協力をやめて不信任に転じ、1998年10月にプローディ内閣は総辞職しました。

ちなみに、日本ではバブル景気の影響で海外旅行ブームが起こり、イタリアブームに火がつきます。イタリア料理は「イタメシ」と

して注目され、パスタやティラミスが大流行しました。
そして、イタリア料理は一過性のブームではなくなり、日本に定着することになったのです。

「五つ星」から「イワシ」へ

21世紀のイタリアの政治の特徴のひとつは、人気コメディアンのジュゼッペ・ピエーロ・グリッロと実業家のジャンロベルト・カザレッジオが2009年に設立した「五つ星運動」の台頭です。党名の五つ星とは、水、エネルギー、開発、環境、交通を意味しています。

2013年の総選挙では108議席を得て第二党に、2018年の総選挙では第一党におどり出ました。インターネットを選挙ツールとして活用するフラットな組織として、若者や中間層に人気を得ています。

そのころ、日本では？

2011（平成23）年3月11日、マグニチュード9.0を記録した東日本大震災が発生しました。地震は津波を引き起こし、インフラを寸断。40万戸以上が全半壊し、全国で2万人近くの死者・行方不明者が発生しました。加えて、原子力発電所から放射性物質がもれるという事故も起こりました。

現在、ヨーロッパ全体で問題となっているのは移民です。アフリカや中東からヨーロッパに移民の流入が増えており、イタリアは、地理的にアフリカに近いことから、難民が危険を冒してボロボロの船に乗り、シチリアやその近くの島にたどり着きます。

そうした移民、難民の受け入れをめぐって、徹底した反移民の立場をとっているのが北部同盟です。五つ星同盟も当初は反移民の傾向を持っていましたが、いまは曖昧《あいまい》な立場といえます。

五つ星運動は2018年6月以降、相手を変えながら連立政権を組み、その政

治運営が注目されています。

2019年11月には、「イワシ運動」と呼ばれる市民の集会が始まりました。これは、「イタリア人第一」を掲げる右派の北部同盟の「移民排除」や「同性愛への嫌悪《けんお》」といった考えに危機感を持った若者4人が思いついたもので、中部イタリアの地方選挙で北部同盟が進出するのを阻止《そし》しようとしたのがきっかけでした。

SNSを中心に広まった動きで、特定のリーダーもなく、政治家の演説もありません。イワシの絵を掲げて広場に集まり、政治について語り合い、ファシズムや人種差別への反対を訴えています。

ローマ教皇が来日

2019年11月、南米から初めて選出されたローマ教皇フランシスコが、ローマ教皇としてはヨハネ・パウロ2世以来、38年ぶりに来日し、東京、広島と長崎を訪れて核廃《かくはい》絶《ぜつ》を強く訴える演説を行いました。

この来日に合わせて、日本政府は教皇という名称で統一することを発表。かつては

「教皇」「法王」が両方使われていましたが、日本のカトリック組織はヨハネ・パウロ2世の来日を機に「教皇」に改めています。

ただし、以前に日本とヴァチカン市国の外交関係が成立した時点では「法王」と訳されていたため、東京都千代田区にあるヴァチカン大使館は、「法王庁大使館」という名前が使われています。

第二次世界大戦後のイタリアは、ファシズム政権の崩壊後に反ファシズムでまとまったかのように見えました。しかし、北部の発展に比べて南部の問題は残ったままで、南北の格差はいまだ解消していません。政治面では連立政権による運営が多いのですが、汚職、暴力や組織犯罪を断ち切ることができ

ず、政党政治の勢力図が変わったものの、なかなか安定しません。

2020年に入り、イタリアを新たな危機が襲いました。中国の武漢《ぶかん》で発生した「新型コロナウイルス」の蔓延《まんえん》です。

3月に爆発的に感染が広がり、毎日数千人単位で感染者が増え、国内の死者は13万人を超えています。大都市ミラノのあるロンバルディア州がとくにひどい状況で、医療崩壊が起きて医師の犠牲者も多くなりました。世界共通の課題ですが、この危機からどう回復するかが今後の大きな問題です。

圧倒的スピードを武器にF1界を席巻

エンツォ・フェラーリ

Enzo Ferrari

（1898～1988）

「レーシングドライバー」から「製造者」へ

エンツォは1898年、板金工の子として生まれました。第一次世界大戦に従軍しますが、肋膜炎《ろくまくえん》を発症。生死の境をさまよい、幸いにも一命は取り留め、軍隊は除隊となります。

戦後はレーシングドライバーとしての道を歩みます。1920年にアルファロメオのテストドライバーとなるとすぐに頭角を現し、レースドライバーに昇格。1929年にはドライバー仲間と共同で、アルファロメオのサブワークスチーム「スクデリア・フェラーリ」を発足します。

1932年にレーサーを引退。1937年にみずからデザインしたレーシングカーを初めて世に出すと、1939年にはアルファロメオを離れ、1947年にはフェラーリ社を設立しました。同社のレーシングカーは、エンツォの死後もなおF1界を席巻《せっけん》。高級スポーツカーとしても豊かなスピードと高い操縦性で人気を博しています。

イタリアの歴史 年表

この年表は本書であつかったイタリアを中心につくってあります。

下段の「世界と日本のできごと」と合わせて、理解を深めましょう。

年代	イタリアのできごと	世界と日本のできごと
前753	ローマ建国（伝承）	世界 ギリシアで都市国家が誕生（前800年ごろ）
117	トラヤヌス帝のもとでローマ帝国が最大版図に	日本 倭国王帥升が安帝に生口を献上（107）
216	カラカラ帝が浴場をつくる	世界 曹操が魏王となる（216）
395	テオドシウス帝が亡くなり、ローマが東西に分割される	世界 西ゴート族がギリシアに侵入（395）
476	西ローマ帝国が滅亡	日本 倭王武が宋に国書を送る（478）
568	ランゴバルド族がイタリアに侵入	世界 北周が建国（557）
756	ピピン3世が北イタリアの領土をローマ教皇に寄進	日本 東大寺の大仏開眼供養（752）
800	カールがローマ皇帝となる	日本 平安京に遷都（794）
843	フランク王国分裂	世界 イングランドが統一される（829）
889	マジャール人がイタリアに侵入	世界 唐が滅亡（907）

962	オットー1世が即位、神聖ローマ帝国が成立	世界 高麗が宋に服属（963）
1030	このころからコムーネができ始める	世界 デーン朝が成立（1016）
1077	カノッサの屈辱	世界 セルジューク朝が成立（1038）
1130	シチリア王国が成立	世界 南宋が建国（1127）
1154	フリードリヒ1世がイタリアに遠征（第1回）	世界 第2回十字軍（1147～1149）
1167	ロンバルディア同盟が成立	日本 平清盛が太政大臣に（1167）
1183	コンスタンツの和約	世界 アイユーブ朝が成立（1169）
13世紀	ルネサンスが始まる	世界 モンゴル帝国が国号を元に（1271）
1271	マルコ・ポーロが東方を旅する	日本 弘安の役（1281）
1282	「シチリアの晩禱」が起こる	日本 後醍醐天皇が即位（1318）
1378	チョンピの乱	日本 足利義満が室町に御所を建造（1378）
1452	レオナルド・ダ・ヴィンチ生まれる	世界 東ローマ帝国滅亡（1453）
1454	ローディーの和約	世界 薔薇戦争が始まる（1455）
1494	シャルル8世がイタリアに侵攻（イタリア戦争）	日本 加賀の一向一揆（1488）
1495	シャルル8世がナポリ王国を征服	世界 コロンブスがアメリカ海域に到達（1492）

年代	イタリアのできごと	世界と日本のできごと
1504	ナポリ王国がスペイン領に	世界 宗教改革が始まる（1517）
1521	イタリア戦争再開	世界 スレイマン1世が即位（1520）
1527	ローマが略奪される	世界 ウィーン包囲（1529）
1532	マキャヴェリが『君主論』執筆	世界 インカ帝国が滅亡（1533）
1534	イエズス会が創設される	日本 鉄砲が日本に伝わる（1543）
1559	イタリア戦争が終わる	日本 桶狭間の戦い（1560）
1633	ガリレオ・ガリレイが異端審問で有罪判決	日本 島原の乱（1637）
1647	ナポリ、パレルモで反乱が起こる	世界 ピューリタン革命（1642～1649）
1672	メッシーナで反乱が起こる	世界 名誉革命（1688）
1713	ユトレヒト条約が結ばれる	世界 ジョージ1世が即位（1714）
1720	サルデーニャ王国が成立	日本 徳川吉宗が8代将軍に（1716）
1764	ナポリ王国で大飢饉による疫病が発生	世界 アメリカ独立戦争（1775～1783）
1796	ナポレオンがイタリアに遠征	世界 フランス革命（1789～1799）
1797	チザルピーナ共和国が成立、ヴェネツィア共和国が滅亡	世界 ナポレオンがエジプトに遠征（1798～1799）

1798	ローマ共和国が成立	世界 大ブリテン＝アイルランド王国が成立（1801）
1802	ナポレオンがイタリア共和国大統領に	世界 ハイチがフランスから独立（1804）
1809	ナポレオンが教皇領を併合	世界 神聖ローマ帝国が滅亡（1806）
1814	ウィーン会議が開かれる	世界 米英戦争（1812〜1814）
1820	ナポリ革命、シチリア革命	世界 ギリシャ独立戦争（1821〜1829）
1821	ピエモンテ革命	世界 ブラジルがポルトガルから独立（1822）
1831	青年イタリアが結成される	世界 第一次エジプト＝トルコ戦争（1831〜1833）
1848	パレルモの反乱、第一次イタリア独立戦争	世界 フランス2月革命（1848）
1849	ローマ共和国政府樹立	世界 太平天国の乱（1851〜1864）
1852	カヴールがサルデーニャ王国の宰相となる	日本 ペリーが浦賀に来航（1853）
1855	クリミア戦争に参戦	世界 ムガール帝国が滅亡（1858）
1857	イタリア国民協会が設立	日本 安政の大獄（1858）
1859	第二次イタリア独立戦争	世界 イギリス、フランスが北京を占領（1860）
1860	ガリバルディが南イタリアを征服	世界 アメリカ南北戦争（1861〜1865）
1861	イタリア王国が成立	世界 普墺戦争（1866）

年代	イタリアのできごと	世界と日本のできごと
１９０１	ジョリッティ内閣が成立	日本 日露戦争（１９０４〜１９０５）
１９１１	リビア戦争が始まる	世界 辛亥革命（１９１１）
１９１５	第一次世界大戦に参戦	世界 パナマ運河が開通（１９１４）
１９１９	戦闘ファッシが結成される、ダンヌンツィオがフィウメを占領	世界 国際連盟が成立（１９２０）
１９２２	ムッソリーニ内閣が成立	世界 中国共産党が成立（１９２１）
１９２３	新選挙法が可決される	世界 ソビエト連邦が成立（１９２２）
１９２４	マッテオッティ暗殺事件が起こる	日本 関東大震災（１９２３）
１９２５	ムッソリーニがファシズム独裁宣言をする	日本 日本で普通選挙が始まる（１９２５）
１９２７	労働憲章発布	世界 世界大恐慌（１９２９）
１９２９	ラテラノ協定に調印	日本 満州事変（１９３１）
１９３４	ムッソリーニがヒトラーと会談	日本 二・二六事件（１９３６）
１９３５	エチオピアに侵攻	世界 スペイン内乱（１９３６）
１９３９	アルバニアを併合	世界 ドイツがオーストリアを併合（１９３８）
１９４０	第二次世界大戦に参戦、日独伊三国同盟を結ぶ	日本 大政翼賛会が結成（１９４０）

1941	イタリアとドイツ、アメリカに宣戦布告	日本 太平洋戦争（1941〜1945）
1943	ムッソリーニが失脚、連合国に降伏する	世界 ノルマンディー上陸作戦（1944）
1945	ムッソリーニが処刑される、デ・ガスペリ内閣が成立	日本 広島、長崎に原爆投下（1945）
1946	国民投票で君主政が廃止される	世界 中華人民共和国が成立（1949）
1949	北大西洋条約機構（NATO）創設に参加	世界 朝鮮戦争（1950〜1953）
1953	炭化水素公社（ENI）発足	世界 サンフランシスコ講和会議（1951）
1955	国際連合に加盟	世界 リビアがイタリアから独立（1951）
1970	離婚法が成立	日本 日本万国博覧会（1970）
1978	赤い旅団がモーロ元首相を暗殺	世界 ソ連がアフガニスタンに侵攻（1979）
1991	イタリア共産党が解散	世界 湾岸戦争（1991）
1996	「オリーブの木」のブローディ内閣成立	日本 原爆ドームが世界遺産に（1996）
1999	ユーロ導入	世界 マカオが中国に返還される（1999）
2009	「五つ星運動」が設立される	世界 アメリカ同時多発テロ（2001）
2019	ローマ教皇が来日	日本 東日本大震災（2011）
2020	新型コロナウイルスにより2万人以上が死亡	日本 日本の元号が「令和」に（2019）

参考文献

『新版 世界各国史 15 イタリア史』北原敦編（山川出版社）

『イタリアの歴史を知るための50章』高橋進、村上義和編著（明石書店）

『世界の歴史と文化 イタリア』河島英昭監修（新潮社）

『イタリアの歴史』クリストファー・ダガン著／河野肇訳（創土社）

『詳説 世界史研究』木村靖二、岸本美緒、小松久男編（山川出版社）

[監修]
北原敦（きたはら・あつし）
1937年、東京都生まれ。東京大学文学部卒業。東京大学大学院人文科学研究科博士課程中退。北海道大学名誉教授。専門はイタリア近現代史。
著書に『新版 世界各国史 15 イタリア史』（編、山川出版社）、『概説イタリア史』（編、有斐閣）、『ヨーロッパ近代史再考』（編、ミネルヴァ書房）、『世界の歴史22 近代ヨーロッパの情熱と苦悩』（共著、中央公論新社）、『イタリア現代史研究』（岩波書店）など。

編集・構成／造事務所
ブックデザイン／井上祥邦（yockdesign）
文／奈落一騎、東野由美子、前田浩弥、村中崇
イラスト／suwakaho

世界と日本がわかる　国ぐにの歴史

一冊でわかるイタリア史

2020年５月30日　初版発行
2024年10月30日　８刷発行

監　修　北原敦

発行者　小野寺優
発行所　株式会社河出書房新社
〒162-8544
東京都新宿区東五軒町2-13
電話03-3404-1201（営業）
03-3404-8611（編集）
https://www.kawade.co.jp/
組　版　株式会社造事務所
印刷・製本　TOPPANクロレ株式会社

Printed in Japan
ISBN978-4-309-81105-5

この国にも注目！

ISBN978-4-309-81103-1

ISBN978-4-309-81102-4

ISBN978-4-309-81101-7

ISBN978-4-309-81106-2

ISBN978-4-309-81105-5

ISBN978-4-309-81104-8

ISBN978-4-309-81109-3

ISBN978-4-309-81108-6

ISBN978-4-309-81107-9

ISBN978-4-309-81112-3

ISBN978-4-309-81111-6

ISBN978-4-309-81110-9